思想政治教育实践与创新丛书

《思想道德修养与法律基础》导读

《SIXIANG DAODE XIUYANG YU FALǙ JICHU》
DAODU

主 编／王 珲

副主编／谢 露 徐 筝 张 静

编 委／陈乃哲 曹舒璇 罗仲书 陈兴芳
何志全 奚正新 吴如涛 陶 辉
蔡 静 毕 扬 杨 兢

四川大学出版社
SICHUAN UNIVERSITY PRESS

项目策划：段悟吾　王小碧
责任编辑：庄　溢
责任校对：王小碧
封面设计：墨创文化
责任印制：王　炜

图书在版编目（CIP）数据

《思想道德修养与法律基础》导读 / 王珲主编．—成都 ：四川大学出版社，2021.7
ISBN 978-7-5690-4756-1

Ⅰ．①思… Ⅱ．①王… Ⅲ．①思想修养－高等学校－教学参考资料②法律－中国－高等学校－教学参考资料 Ⅳ．①G641.6②D920.4

中国版本图书馆 CIP 数据核字（2021）第 106803 号

书名　《思想道德修养与法律基础》导读

主　编	王　珲
出　版	四川大学出版社
地　址	成都市一环路南一段 24 号（610065）
发　行	四川大学出版社
书　号	ISBN 978-7-5690-4756-1
印前制作	四川胜翔数码印务设计有限公司
印　刷	四川永先数码印刷有限公司
成品尺寸	185mm×260mm
插　页	1
印　张	11
字　数	269 千字
版　次	2021 年 7 月第 1 版
印　次	2021 年 8 月第 2 次印刷
定　价	29.80 元

◆ 读者邮购本书，请与本社发行科联系。
电话：(028)85408408/(028)85401670/
(028)86408023　邮政编码：610065
◆ 本社图书如有印装质量问题，请寄回出版社调换。
◆ 网址：http://press.scu.edu.cn

四川大学出版社
微信公众号

内容简介

为了深入贯彻落实《新时代高校思想政治理论课教学工作基本要求》（教社科〔2018〕2号）相关精神，帮助学生树立正确的人生观、世界观、价值观、道德观与法治观，引导大学生提高思想道德素质和法治素养，我们根据中宣部、教育部2018年修订的《思想道德修养与法律基础》教材，结合近年来整体推进高校思想政治理论课教学实践改革的相关经验，编写了这本与课程教学相配套的辅学读本。

本书按照教材各章节的顺序编写，每章分为“学习引导”“经典导读”“实践拓展”“自测练习”四个模块。第一模块“学习引导”，包括学习目标、知识结构、学习重难点三个部分，旨在帮助学生明确学习目标、掌握章节的整体脉络。第二模块“经典导读”，选取与本章内容相关的领导人的讲话或者经典案例，帮助学生更深刻地理解理论知识。第三模块“实践拓展”，通过设计能充分体现每章理论教学内容的实践活动，帮助学生在实践中学会做事、学会做人。第四模块“自测练习”，涵盖各个章节的重要知识点，包含单项选择题、多项选择题、辨析题、简答题、论述题和材料分析题等，方便学生自学自测。

前　言

思想政治理论课承担着对大学生进行系统的马克思主义理论教育的任务，能巩固马克思主义在高校意识形态领域的指导地位，是坚持社会主义办学方向的重要阵地，是全面贯彻党的教育方针、落实立德树人根本任务的主要渠道和核心课程，是加强和改进高校思想政治工作、实现高等教育内涵式发展的灵魂课程。党的十八大以来，以习近平同志为核心的党中央全面加强党对教育工作的领导，坚持立德树人，继全国高校思想政治工作会议、全国教育大会之后，又召开了学校思想政治理论课教师座谈会，围绕新时代“培养什么人、怎样培养人、为谁培养人”这一根本问题，深刻回答了事关思想政治理论课建设的重要问题，为下一阶段思想政治理论课改革指明了目标与方向。

教材是教学之本，用好教材是讲好课的前提，但如何使教材体系转化为有针对性的教学体系，在课堂教学中“用透彻的学理分析回应学生、以彻底的思想理论说服学生、用真理的强大力量引导学生”，回应学生各种“为什么”的追问，将思想政治理论课打造为学生真心喜爱、受益终身的课程，是每位思想政治理论课教师必须思考的问题。重庆外语外事学院思想政治理论课教学团队的各位教师在科学判断学生水平、正确分解课程目标的基础上，遵循思政理论课教学的内在逻辑与学生认知发展的规律，编排课程资源，重组教学内容，结合教学实际，逐步摸索出“课上同步实践、课下校园实践、校外社会实践”的思想政治理论课教学实施方案，并编写《大学生思想政治教育实践与创新丛书》系列教学辅导用书，期望用这样的方式回应这一问题，让思想政治理论小课堂同社会大课堂结合起来，帮助学生将间接经验转化为直接经验、将理论认知内化为行为能力和身心素质。

《思想道德修养与法律基础》作为中宣部、教育部规定的全国各高校大学生的必修课，是高校思想政治理论课课程体系的主干课程之一，是以马克思主义为指导，以习近平新时代中国特色社会主义思想为价值取向，以正确的世界观、人生观、价值观、道德观和法治观教育为主要内容，通过理论学习和实践体验，帮助学生形成崇高的理想信念、培养爱国主义精神、树立正确的人生观和价值观、提升思想品德修养、增强学法守法的自觉性，是全面提高学生思想道德素质和法律素质的一门课程。想要学好这门课程，除了坚持理论与实践的结合，学生还必须通过适时、适当的练习与实践来进一步巩固所学知识，增强理论素养以及利用理论分析、解决实际问题的能力。

本书在内容上与统编《思想道德修养与法律基础》（2018 年修订版）教材一一对应，每章由“学习引导”“经典导读”“实践拓展”“自测练习”四部分组成。第一个模块为“学习引导”，包括本章的学习目标、知识结构、重难点提示等。学生在练习之前，首先明确本章的学习目的与知识结构，同时结合课堂教师讲授的内容，对本章有个宏观的把握，然后在此基础上结合本章的重难点提示展开第二个模块的学习。第二个模块为

“经典导读”，主要摘编同本章教学内容密切相关的中国共产党主要领导人的论述，或选取与本章内容相关的经典案例，让学生在阅读与讨论中释疑解惑。第三模块为“实践拓展”，通过设计能充分体现每章理论教学内容的实践活动，引导大学生在实践中升华思想境界、铸造优良思想品德，在实践中学会做事、学会做人。第四模块为“自测练习”，涵盖各章节的重要知识点，包括单项选择题、多项选择题、辨析题、简答题、论述题和材料分析题，方便学生自学自测，并进一步加强和巩固已学知识。

本书由重庆外语外事学院的王珲担任主编，谢露、徐筝、张静任副主编，王珲执笔完成，思想政治理论课实践教学团队的全体成员参与编写工作。因编者学识有限，书中疏漏与不当之处在所难免，敬请广大读者批评指正。此外，在编写过程中，编写组借鉴、参考了大量同类读物的优秀做法与内容，由于篇幅所限 ，恕不能一一列举，在此向有关作者表示诚挚的谢意！

编者

2021 年 1 月

目　录

绪　论

第一模块　学习引导

新时代不是一个空洞的口号，它是一个时代实实在在的历史方位。当代青年是同新时代共同前进的一代。我们面临的新时代，既是近代以来中华民族发展的最好时代，也是实现中华民族伟大复兴的最关键时代。广大青年既拥有广阔发展空间，也承载着伟大时代使命。青年是国家的希望、民族的未来。衷心希望每一个青年都能成为社会主义的建设者和接班人，不辱时代使命，不负人民期望。对广大青年来说，这是最大的人生际遇，也是最大的人生考验。

一、学习目标

1. 领悟中国特色社会主义进入新时代所意味的深刻历史变化。
2. 把握中国梦的含义和特征。
3. 把握成长为时代新人的要求。
4. 把握思想道德与法律的辩证关系，了解学习《思想道德修养与法律基础》课程内容的意义。

二、知识结构

- 绪论
  - 我们处在中国特色社会主义新时代
    - 进入新时代所蕴含的深刻历史变化
    - 中国梦的时间维度和空间维度
  - 时代新人要以民族复兴为己任
    - 做有理想有本领有担当的时代新人
    - 提升思想道德素质与法治素养

三、学习重难点

1. 学习如何成为一个有理想有本领有担当的时代新人。
2. 掌握社会主义思想道德与法律的辩证关系。

第二模块　经典导读

【经典导读一】

新时代召唤什么样的青年[①]

“中国特色社会主义进入新时代，意味着近代以来久经磨难的中华民族迎来了从站起来、富起来到强起来的伟大飞跃，迎来了实现中华民族伟大复兴的光明前景……”在飞跃的起点，习近平总书记深情寄语年轻一代，“青年兴则国家兴，青年强则国家强。青年一代有理想、有本领、有担当，国家就有前途，民族就有希望。中国梦是历史的、现实的，也是未来的；是我们这一代的，更是青年一代的”。

青年是国家的未来、民族的希望。党的十八大以来，习近平总书记亲切关怀青年发展、高度重视青年工作，多次出席青年活动，与青年座谈交流，给青年回信演讲，提出了一系列关于青年工作的重要论述。一个强大兴盛的国家，必须依靠优秀的年轻人建功立业，他们身上有着光辉的品格和情怀；一个生生不息的民族，必须依靠朝气蓬勃的青年人奋斗，他们身上流淌着积极向上、敢于担当的血液。青年是个美好的阶段，更是值得倍加珍惜的人生节点，正如伟大领袖毛主席形容青年人，“好像早晨八九点钟的太阳”。在党的十九大开幕会上，习近平总书记郑重宣示，“经过长期努力，中国特色社会主义进入了新时代，这是我国发展新的历史方位”，提出了“培养担当民族复兴大任的时代新人”的重大战略命题。

历史车轮滚滚向前，时代潮流浩浩荡荡。新时代召唤青年、塑造青年、成就青年，青年感知新时代、融入新时代、推动新时代。立足新起点、开启新时代，试问新时代召唤什么样的青年？才能让一代又一代青年在时代发展和历史进步的浑厚车辙中，镌刻上“新青年”的闪亮烙印。

新时代呼唤坚定信念的青年。习近平总书记指出，没有理想信念，就会导致精神上“缺钙”。一个精神上“缺钙”的人，是不可能承担时代所赋予的历史重任的。理想指引人生方向，信念决定事业成败。一个人的理想志愿只有同国家的前途、民族的命运相结合才有价值，一个人的信念追求只有同社会的需要和人民的利益相一致才有意义。今天，我们要求年青一代坚定理想信念，就是要坚持和拓展中国特色社会主义道路的信念；就是要坚持和丰富中国特色社会主义理论体系的信念；就是要坚持和完善中国特色社会主义制度的信念。

新时代呼唤高尚品格的青年。《礼记·大学》中说：“君子先慎乎德。”墨子曰：“德为才之帅，才为德之资。”品德修养是立身处世之基。正如习近平总书记所言，“道德之

---

① 杨龙：《新时代召唤什么样的青年》，http://www.qstheory.cn/laigao/2017-10/24/c_1121851074.htm。

于个人、之于社会，都具有基础性意义，做人做事第一位的是崇德修身”。青年是引风气之先的社会力量，一个民族的文明素养很大程度上体现在青年一代的道德水准和精神风貌上。因此，广大青年一定要大力加强道德修养，注重道德实践，自觉弘扬爱国主义、集体主义、社会主义思想，积极倡导社会公德、职业道德、家庭美德和个人品德，带头倡导良好社会风气，以自己的实际行动促进社会道德进步。

新时代呼唤本领过硬的青年。陈独秀在《敬告青年》中写道：“青年如初春，如朝日，如百卉之萌动，如利刃之新发于硎，人生最可宝贵之时期也。”习近平总书记也曾言，“青年有着大好机遇，关键是要迈稳步子、夯实根基、久久为功。心浮气躁，朝三暮四，学一门丢一门，干一行弃一行，无论为学还是创业，都是最忌讳的”。因此，广大青年要牢牢把握和利用好青年时期，努力提高能力本领。一要博学明辨，做到“腹有诗书气自华”；二要创新进取，敢于“潮头出海卷秋风”；三要笃行致远，坚持“天下大事作于细”。

新时代呼唤敢于担当的青年。担当精神难能可贵，一个敢于承担责任的人，是值得敬佩和信赖的人，年青一代要敢于迎接挑战，挑起大梁，做顶天立地的新青年。习近平总书记指出，“要勤于学习、敏于求知，注重把所学知识内化于心，形成自己的见解，既要专攻博览，又要关心国家、关心人民、关心世界，学会担当社会责任……我相信，当代中国青年一定能够担当起党和人民赋予的历史重任，在激扬青春、开拓人生、奉献社会的进程中书写无愧于时代的壮丽篇章”！因此，广大青年要脚踏实地，切实把心思和精力用到学习和工作上，在学习中沉下身、静下心，多读书多积累，厚积方能薄发；在工作中多干事、多锻炼、办实事、求实效。

“中华民族伟大复兴的中国梦终将在一代代青年的接力奋斗中变为现实。”一个政党，只有赢得青年，才可能赢得未来。引领新时代，全党要关注青年、关心青年、关爱青年，倾听青年心声，做青年朋友的知心人、青年工作的热心人、青年群众的引路人。作为青年一代，更要志存高远，“敢”立潮头；更要勤奋好学，“争”立潮头；更要事争一流，“能”立潮头。筑牢爱国之魂、创新之魂、奋斗之魂，在实现中国梦的生动实践中放飞青春梦想，在为人民利益的不懈奋斗中书写人生华章。

【经典导读二】

大学的意义①

从我回国建成实验室算起，到现在整整8年，时间不短了。清华是我的母校，我们深爱的地方。今天我们又有一批本科生、硕士生、博士生毕业，我确实心情很激动，很多话想说，给大家讲讲我的心里话。

今天的主题是毕业，但回头看，我们从上大学开始，包括我自己都在想一个问题，为什么要上大学？大学是为了什么？我相信不少家长到现在还在想这个问题，我作为院长也还在想这个问题。我这里讲上大学其实不只包括本科，也包括硕士、博士阶段的学

① 施一公：《大学的意义》，《中国教育报》2015年7月16日。

习，究竟是为了什么？

当然，我们为了学知识、充实自己，但一定不只是为了学知识！甚至在你这一辈子的过程中，在大学里学习的知识只是其中很不重要的一部分。我们也为了学技能、学习解决问题的能力，但也不只是为了学技能！甚至学技能也不是大学教育中最重要的一部分。

那么最重要的是什么呢？我们为什么来大学呢？我以为，是学做人。

做人并不是一定要做我们觉得可望不可及的英雄模范，更不是要学八面玲珑会做人的那个“做人”，我觉得是学做一个健全的、有自信的、尊重别人的、有社会责任感的人，大学最重要的目标就是培养这样的人。大学最根本的一条就是帮你树立社会价值观、人生观，我觉得清华就是这样一所大学。

我拿今天的两位演讲嘉宾来说事儿。先给大家讲一个故事：2000 年夏季，话剧《切格瓦拉》让整个北京沸腾了；2001 年，清华校园也沸腾了。听说过切格瓦拉这个名字吗？切格瓦拉是一位革命英雄，出生在阿根廷一个上流社会家庭，他读了医学院，本来可以做医生，可以挣很多钱，可以买洋房，可以有很好的生活，但是他觉得这个世界很不公平，于是去古巴参加、领导了革命以后，输出革命到非洲又回到美洲在玻利维亚继续领导革命，最后被美国中央情报局抓获、被杀害。

徐彦辉博士当时是学生辅导员，激动地难以自已，他找到我说：“一公，我很纠结，这个社会的价值观现在如此之混乱，大家拼命去挣钱，又有腐败现象。看到这些社会弊端，我作为一名博士生，空有报国之志，真想做点什么，但我能做什么呢？”我跟他说：“彦辉，我长你 10 岁，我恰好经历过你这个困惑期。我告诉你，你现在唯一能做的就是兢兢业业做好你的学问。你记住，你总有一天会成为这个社会的中流砥柱，会成为这个社会的领导者。到那时，你一定会承载起这个社会发展的重任！我只怕你十年、二十年之后不再有今日的沸腾心声，不再有现在这份先天下之忧而忧的心气儿，而变得淡漠和世故…… 如果那样你就真的堕落了，你就愧为清华人了。”

当时徐彦辉听了以后非常激动，我也很激动。但我也真的担心他十年之后会被社会同化，被不健康的社会舆论同化。我很高兴徐彦辉接受了我的建议，他现在是复旦大学的教授，在从事前沿的基础科学研究；我觉得他在实现自己人生价值的过程中已经迈出了坚实的第一步，他对社会的承诺和对社会的责任感也迈出了第一步。

我们的另一位嘉宾邓锋先生是企业家。他作为一位清华的校友、清华的学生，完全尽到了他的责任！邓锋一直在回馈社会、帮助清华，也帮助我们生命学院、医学院。我相信很多人挣钱比邓锋多，但是不一定愿意无私地拿出这些钱来培养下一代的清华学子。

其实我挺感慨的。我 6 月中旬把自己的两个孩子带到河南省驻马店，到一所农村留守小学，和那里的小学生一起吃一起住，接受教育。尽管这所小学已经得到当地乡政府的关照，但是条件还是很差，如果不是农村长大的孩子，你不会知道条件有多艰苦。孩子们很受教育，我也很受教育。中国是一个发展如此不均衡的国家，当你们在这里、在清华可以享受所有的优势和优惠的时候，你们其实应该好好想一想：我承载了多少人的期望？我需要做什么回馈社会？

有些学生，我们的本科生、硕士生、博士生有时候会陷入一种无端的狭隘——在一

些消极的舆论影响下，天天想着找工作，天天想着只为个人奋斗。其实我告诉你，为个人奋斗是很重要，但这只是你生命中的一部分，因为你生活在一个大世界中，你看看你生活的这个国家、你看看中国社会方方面面，有多少人需要你的关爱？你超越了多少人才有机会参加今天的毕业典礼？你难道不应该有一点社会责任感？你不觉得到清华以后，如果你的人生目标还只是为自己、为自己的家庭找一份工作，实在是很狭隘？天下之大，有这么多事情需要我们去做，当你把自己限制到这么小的一个圈子里的时候，你的路只会越走越窄。

大学培养你的就是价值观，我希望大家都树立自己最认同的价值观。在这个毕业季，我想对我们毕业生说几句话：我真的觉得现在是一个大时代，希望每一位同学真的不要辜负你的老师、你的家长和那些对你充满期望的人，中国要想腾飞的话，一定是我们的学生、我们的青年人强大才会腾飞。我们清华人的奋斗目标从来不是，也不应该只是简单地找一份惬意的工作！我衷心希望你们每一个人在追求小我的同时，心里也要有一个大我——即便在困境，也要有一个承担起天下的雄心壮志！做事的时候要做到极致，不留下遗憾。生命就是体验，既然体验只有一次，何不做到极致？

第三模块　实践拓展

【项目一】新环境　新天地

大学校园，一切都是陌生而又新鲜的。新的学校、新的老师、新的同学、新的课程……它们会以什么样的姿态迎接你呢？你为全新的生活做好心理准备了吗？你能尽快熟悉新环境、结交新朋友吗？你能适应新老师的教学方法吗？……

你觉得从高中到大学有哪些变化？请填写下表。

内容	高中阶段	大学阶段
学习内容		
学习环境		
人际交往		
日常生活		

请选择上表至少两个不同之处，与周围同学讨论“如何适应这些变化”。

变化 1：____

____

建议 1：____

____

变化 2：____

____

建议 2：______________________________

____

【项目二】课堂讨论——大学的意义

通过讨论，明白大学阶段是人生发展的重要时期，是世界观、人生观、价值观形成的关键时期，大学生应在提升自己文化素质的同时，努力提高自己的道德素质。讨论应围绕“大学的意义是什么”“社会价值观多元化的今天是否有必要读大学”“大学生应具备何种素质”等问题展开。可参考以下问题：

大学是什么？______________________________

我理解的大学是什么？______________________________

我上大学的原因是什么？______________________________

我上大学的目标是什么？______________________________

我打算在大学做些什么？______________________________

大学的意义是什么？______________________________

【项目三】我的大学规划

大学是知识的殿堂，是放飞梦想的地方。为了实现自己的人生目标，你在大学阶段设定的目标和将要采取的行动是什么？请思考大学四年的奋斗目标，科学规划大学生涯。

	目标	行动
大一的我：	______________	______________
	______________	______________
	______________	______________
大二的我：	______________	______________
	______________	______________
	______________	______________
大三的我：	______________	______________
	______________	______________
	______________	______________
大学毕业时的我：	______________	______________
	______________	______________
	______________	______________

第四模块　自测练习

一、单项选择题

1.（　　）是我们理解当前所处历史方位的关键词。

A. 新时代　　B. 新时期

C. 关键期　　D. 重要战略期

2.“培养担当民族复兴大任的时代新人”是党的（　　）提出的战略要求。

A. 十七大　　B. 十八大

C. 十九大　　D. 十九大五中全会

3. 中国梦是全国各族人民的共同理想，（　　）是党带领人民历经千辛万苦找到的实现中国梦的正确道路。

A. 社会主义道路　　B. 中国特色社会主义

C. 科学发展　　D. 人民当家作主

4. 近年来，从“彭宇案”掀起的轩然大波，到“扶老被诬伤老，好人败诉赔钱”等事件的一再发生，使历来崇尚“助人为乐”的国人遭遇了严重的道德考验。2013 年 8 月 1 日，《深圳特区救助人权益保护规定》的正式实施，填补了国内公民救助行为立法的空白。为此，有媒体撰文《“好人法”释放道德正能量》，认为该规定无疑会释放出“挺好人、做好人”的正能量，对社会风气的净化不无益处。法律之所以能释放道德正能量，是因为（　　）。（2014 年全国硕士研究生入学考试政治真题）

A. 法律是道德的基础　　B. 法律是道德的前提

C. 法律是道德的归宿　　D. 法律是道德的支撑

5.“青年兴则国家兴，青年强则国家强。青年一代有理想、有本领、有担当，国家就有前途，民族就有希望。”决定青年人生价值的最大砝码是（　　）。

A. 青年的理想信念　　B. 青年的本领才干

C. 青年的担当精神　　D. 青年的政治方向

二、多项选择题

1. 大学生应该以（　　）为基本要求。

A. 有理想　　B. 有道德　　C. 有本领　　D. 有担当

2. 中华民族伟大复兴的中国梦终将在一代代青年的接力奋斗中变为现实。广大青年要坚定理想信念，志存高远，脚踏实地，勇做时代的弄潮儿，在实现中国梦的生动实践中放飞青春梦想。中国梦是（　　）。

A. 历史的、现实的，也是未来的

B. 昭示着国家富强、民族振兴、人民幸福的美好前景

C. 国家的、民族的，也是每一个中国人的

D. 前景可期，即将实现

3. 在我国，中国特色社会主义思想道德建设和中国特色社会主义法治建设紧密联系、相互促进，为中国特色社会主义事业提供坚实的思想基础、精神支撑和法治保障。思想道德和法律之间的关系是（　　）。

A. 思想道德和法律都是调节人们思想行为、协调人际关系、维护社会秩序的重要手段

B. 思想道德和法律都是上层建筑的重要组成部分，共同服务于一定的经济基础

C. 思想道德为法律提供思想指引和价值基础

D. 法律为思想道德提供制度保障

4. 2020 年 5 月 28 日，第十三届全国人民代表大会第三次会议通过《中华人民共和国民法典》（以下简称《民法典》）。《民法典》实现了把社会主义核心价值观转化为法理，转换为权利、义务、行为、责任等法律概念，转换为法律语言文字，形成了法律制度。在第一编总则第一章第一条开宗明义规定了“弘扬社会主义核心价值观”。第一章基本规定还把“平等、公正、诚信、保护环境、不得违背公序良俗”作为基本原则。在分编其他章节中，还以规定等形式贯彻社会主义核心价值观的要求。这表明中国特色社会主义思想道德建设和中国特色社会主义法治建设的关系是（　　）。

A. 思想道德为法律提供思想指引和价值基础

B. 法律为思想道德提供制度保障

C. 思想道德是社会主义法律正当性和合理性的重要基础

D. 思想道德和法律在调节领域、调节方式、调节目标等方面是一致的

5. 我国的《中华人民共和国民法通则》《中华人民共和国合同法》《中华人民共和国物权法》中，都有要求民事主体在进行民事活动时应当尊重社会公德，不得损害公共利益和经济秩序的内容，已经具有“公序良俗”的含义。2017 年 10 月 1 日起施行的《中华人民共和国民法总则》明确规定“民事主体从事民事活动，不得违反法律，不得违背公序良德”，从民法基本原则的高度确立了禁止违反公序良俗的原则。这一规定体现了（　　）。

A. 道德为法律提供价值基础

B. 对传统民法上的公序良俗原则的继承和发展

C. 法律为道德建设提供制度保障

D. 依法治国与以德治国的有机统一

三、判断正误并陈述理由

1. 当代大学生既是民族复兴伟大进程的见证者，也是参与者。

2. 思想道德素质与法治素养是人应该具有的基本素质。

四、简答题

1. 如何做有理想有本领有担当的时代新人?

2. 如何理解思想道德和法律的辩证关系?

五、论述题

如何理解“时代新人要以实现中华民族伟大复兴为己任”这句话?

六、材料分析题

材料 1

“佛系青年”面面观

越来越多的青年人自称“佛系青年”。有也行，没有也行，不争不抢，不求输赢。约车，司机到门口也行，自己走两步也行；“双 11”，抢着也行抢不到也行；饿了，有啥吃啥，凑合就行；干活，说我好也行，说不好也行……

佛系学生不因为时日无多的复习时间而焦虑，也不会因为重点过多而痛苦，以超然的态度安慰自己：考试就像一场戏，因为有缘才相聚；世上无难事，只要肯放弃；翻翻课本记一记，记住记不住都是命；考过无喜，挂科是命……

——摘编自刘念《也说“佛系青年”》①

材料 2

青年习近平如何读书

忆起习近平的七年知青岁月，许多人对他的第一印象多是酷爱读书。他的读法很有特点，不仅博览群书，深入钻研，秉持“横有多长，竖有多高”的读书理念，而且好读书但不唯书，注重将读书与实干结合起来。

“横有多长”体现了视野开阔。青年习近平在梁家河博览群书。在当年那样艰苦的条件下，他不仅通读了大量中国古代经典、外国文学名著和现当代杂文，还精读了大量的专业书籍。据不完全统计，他当年阅读过《中世纪史》《中国通史简编》《共产党宣言》《法兰西内战》《哥达纲领批判》《反杜林论》《国家与革命》《毛泽东选集》《资本论》《国富论》《战争论》等大量著作，甚至还有多篇基辛格早年的论文。

“竖有多高”体现了研究深入。在广泛涉猎的同时，青年习近平尤其注重读书方法。他热爱读马克思列宁主义，对马克思列宁主义著作版本沿革如数家珍；读马克思列宁主义哲学，就下大力气去研究辩证唯物主义与历史唯物主义；读《毛泽东选集》，不仅要搞清楚书中讲了什么问题、是如何阐述问题的，还要搞清楚为什么要这样提出和阐述问题，特别是留意当时论述问题的时间、地点和针对性。这种读书方法无意之中和专业学者的治学之术不谋而合。长“横”与直“竖”相结合，这种横向知识面结构宽、纵向专业知识底蕴深的知识结构，是复合型人才诞生的基础。由此，我们不难理解习近平总书记为什么思路宽广、思想活跃、目光如炬，这都是年轻时深入研究打下的坚实根基。

——摘自吴青熹《青年习近平的读书之道》②

---

① 刘念：《也说“佛系青年”》，《师道》2018 年第 1 期，第 61 页。

② 吴青熹：《青年习近平的读书之道》，《学习时报》2018 年 5 月 23 日。

材料 3

“清华学霸”是怎样炼成的

一张“最牛学习计划表”，让清华大学的双胞胎姐妹马冬晗、马冬昕红了。在 A4 大小的纸上，密密麻麻地写着周一至周日各个时间段的学习生活安排：“复习大物”“听 CNN”“完成作业”“预习代数”等。这张计划表被同学随手拍下并发布在人人网上，几天的点击量和转发量过万。

外界对此议论纷纷。妹妹马冬昕说：“计划表只是工具而已，它能帮助我合理地安排时间，但并不是绝对有效。”姐姐马冬晗在一旁补充：“其实实施计划才是关键。要认真地学，带着兴趣学，才能享受学懂的过程。”

作为清华大学有史以来第一对被保送入学的双胞胎姐妹，2011 年年底，马冬晗、马冬昕分别以综合评分第 1 名和并列第 2 名的成绩获得清华本科生“特等奖学金”——这是清华授予本科生的最高荣誉，每年只有 5 名本科生能够获此殊荣。

然而，马冬晗坦言，和大多数新生一样，刚进入大学的她也曾经历过学习上的迷茫期，她对自己的评价是“适应能力差”。大一时的机械制图和微积分课程曾经困扰了她很久：“空间想象力很差，常常望着一黑板的板书不知所云。”大一上学期，马冬晗在全年级 150 人中考了第 26 名，一向“总是希望最好”的她受到了打击，为此感到压力很大，便不断探索好的学习方法。这时，妹妹马冬昕的学习法宝——“周计划表”启发了她。“周计划表”是马冬昕在社会工作概论课上学来的方法，老师建议大家通过计划表来平衡学习与社会工作的关系。

“计划永远赶不上变化，一定要学会调整。”马冬昕说，她至今还记得老师上课时强调的话，“一方面不要被计划牵着鼻子走，另一方面不要让生活中的变化太多。”有了计划表，姐妹俩把一周的时间合理分配下来，每天都要总结“计划完成情况”“学习情况”“社会工作”“体育锻炼”“生活状态”“修养品行”等。表上还时常出现“高效、专注”“积极、平和”“多思、少言、必行”等自我激励的话语。

重新找到学习方法的马冬晗充满了斗志：“有压力就有动力，既然这学期做不好，那下学期一定要做好。”每天早晨 6 点 30 分，姐妹俩就一起起床学习，晚上自习到 10 点 30 分教室关门，才收拾东西回宿舍休息。这样一天天坚持下来，到了大二时，姐妹俩就完全跟上了老师的节奏，真正把进度把握在了自己手中，成绩跃居专业第一。

顶着“学霸”的名头，马冬晗和马冬昕并不是只会读书的“书呆子”，本科期间，她们俩都在班委会、学生会、团委等组织承担了一定的社会工作。姐姐马冬晗是精仪系学生会历史上第一位女主席，妹妹马冬昕还当选了北京市海淀区第十五届人大代表。

这些工作并没有影响她们的学习。马冬晗认为，学习不好会有很多种原因，但社会工作绝对不会成为理由：“当了学生会主席反而让我更有动力去学习，人在一定的压力下能更好地发挥潜能，正所谓‘井无压力不出油，人无压力轻飘飘’。生活中不可能每天只处理一件事情，我们要学会均衡地分配时间。”

得益于合理的时间安排，姐妹俩还在课余加入了清华大学国旗仪仗队。每周一早上，她们都要 5 点 30 分起床，整理军容，准备出旗；每周日下午有 3 个小时的训练，最简单的军姿也要夹 4 张扑克牌保持身体笔直，正步踢腿一踢就是半个小时，每次训练完，“衬衣都能拧出水来”。

“大家都把‘周计划表’说得那么夸张，其实它对于我就像备忘录一样，只是工具而已。关键是一颗想要安排好时间的心。”对于马冬晗而言，计划表帮助自己提高了学习效率，才使得她适应了大学生活的节奏。每当有学弟学妹请教关于制订计划表的方法时，马冬昕就会说：“制订的计划一定要可行，每天完成一项就是对自己的鼓励，那种看上去就完成不了的计划只会造成打击。”

谈到如何平衡好学习和生活时，马冬晗说：“我不一定比别人聪明，但我比较会控制自己。人要培养意志力，学会管得住自己。正所谓‘业精于勤而荒于嬉，行成于思而毁于随。’”

——摘编自饶懿、陈竹《“清华学霸”是怎样炼成的》[①]

（1）根据材料 1，谈谈新时代的大学生应该如何理解“佛系青年”。

（2）根据材料 2、材料 3，结合自己的专业，谈谈自己的大学规划。

① 饶懿、陈竹：《“清华学霸”是怎样炼成的》，《中国青年报》2013 年 2 月 18 日。

第一章　人生的青春之问

第一模块　学习引导

青年大学生要深入思考人生目的、人生态度、人生价值等问题，树立积极进取的人生态度，追求高尚的人生目的，以豁达、开朗、进取的心态面对人生中的各种境遇，在承担责任中努力创造、实现自己的人生价值。

一、学习目标

1. 系统了解和学习人生观理论，理解个人与社会的辩证关系。
2. 树立正确的人生观，把握评价人生价值的标准和实现人生价值的条件。
3. 辩证对待人生矛盾，树立正确的幸福观、得失观、苦乐观、顺逆观、生死观、荣辱观。

二、知识结构

- 人生的青春之问
  - 人生观是对人生的总看法
    - 人生与人生观
    - 个人与社会的辩证关系
  - 正确的人生观
    - 科学高尚的人生追求
    - 积极进取的人生态度
    - 人生价值的评价与实现
  - 创造有意义的人生
    - 辩证对待人生矛盾
    - 反对错误人生观
    - 成就出彩人生

三、学习重难点

1. 重点掌握人生观、人生价值及其评价和实现。
2. 正确看待个人与社会的关系，辩证对待人生矛盾。

第二模块　经典导读

【经典导读一】

在纪念五四运动100周年大会上的讲话①

共青团员们，青年朋友们，同志们：

……

今年是五四运动100周年，也是中华人民共和国成立70周年。在这个具有特殊意义的历史时刻，我们在这里隆重集会，缅怀五四先驱崇高的爱国情怀和革命精神，总结党和人民探索实现民族复兴道路的宝贵经验，这对发扬五四精神，激励全党全国各族人民特别是新时代中国青年为全面建成小康社会、加快建设社会主义现代化国家、实现中华民族伟大复兴的中国梦而奋斗，具有十分重大的意义。

……

五四运动以来的100年，是中国青年一代又一代接续奋斗、凯歌前行的100年，是中国青年用青春之我创造青春之中国、青春之民族的100年。

100年来，中国青年满怀对祖国和人民的赤子之心，积极投身党领导的革命、建设、改革伟大事业，为人民战斗、为祖国献身、为幸福生活奋斗，把最美好的青春献给祖国和人民，谱写了一曲又一曲壮丽的青春之歌。

实践充分证明，中国青年是有远大理想抱负的青年！中国青年是有深厚家国情怀的青年！中国青年是有伟大创造力的青年！无论过去、现在还是未来，中国青年始终是实现中华民族伟大复兴的先锋力量！

……

新时代中国青年运动的主题，新时代中国青年运动的方向，新时代中国青年的使命，就是坚持中国共产党领导，同人民一道，为实现“两个一百年”奋斗目标、实现中华民族伟大复兴的中国梦而奋斗。

青年是整个社会力量中最积极、最有生气的力量，国家的希望在青年，民族的未来在青年。今天，新时代中国青年处在中华民族发展的最好时期，既面临着难得的建功立业的人生际遇，也面临着“天将降大任于斯人”的时代使命。新时代中国青年要继续发扬五四精神，以实现中华民族伟大复兴为己任，不辜负党的期望、人民期待、民族重托，不辜负我们这个伟大时代。

第一，新时代中国青年要树立远大理想。青年的理想信念关乎国家未来。青年理想

---

① 习近平：《在纪念五四运动100周年大会上的讲话》，http://www.xinhuanet.com/politics/leaders/2019-04/30/c_1124436427.htm。

远大、信念坚定，是一个国家、一个民族无坚不摧的前进动力。青年志存高远，就能激发奋进潜力，青春岁月就不会像无舵之舟漂泊不定。正所谓“立志而圣则圣矣，立志而贤则贤矣”。青年的人生目标会有不同，职业选择也有差异，但只有把自己的小我融入祖国的大我、人民的大我之中，与时代同步伐、与人民共命运，才能更好实现人生价值、升华人生境界。离开了祖国需要、人民利益，任何孤芳自赏都会陷入越走越窄的狭小天地。

新时代中国青年要树立对马克思主义的信仰、对中国特色社会主义的信念、对中华民族伟大复兴中国梦的信心，到人民群众中去，到新时代新天地中去，让理想信念在创业奋斗中升华，让青春在创新创造中闪光！

第二，新时代中国青年要热爱伟大祖国。孙中山先生说，做人最大的事情，“就是要知道怎么样爱国”。一个人不爱国，甚至欺骗祖国、背叛祖国，那在自己的国家、在世界上都是很丢脸的，也是没有立足之地的。对每一个中国人来说，爱国是本分，也是职责，是心之所系、情之所归。对新时代中国青年来说，热爱祖国是立身之本、成才之基。当代中国，爱国主义的本质就是坚持爱国和爱党、爱社会主义高度统一。

新时代中国青年要听党话、跟党走，胸怀忧国忧民之心、爱国爱民之情，不断奉献祖国、奉献人民，以一生的真情投入、一辈子的顽强奋斗来体现爱国主义情怀，让爱国主义的伟大旗帜始终在心中高高飘扬！

第三，新时代中国青年要担当时代责任。时代呼唤担当，民族振兴是青年的责任。鲁迅先生说，青年“所多的是生力，遇见深林，可以辟成平地的，遇见旷野，可以栽种树木的，遇见沙漠，可以开掘井泉的”。在实现中华民族伟大复兴的新征程上，应对重大挑战、抵御重大风险、克服重大阻力、解决重大矛盾，迫切需要迎难而上、挺身而出的担当精神。只要青年都勇挑重担、勇克难关、勇斗风险，中国特色社会主义就能充满活力、充满后劲、充满希望。青年要保持初生牛犊不怕虎、越是艰险越向前的刚健勇毅，勇立时代潮头，争做时代先锋。一切视探索尝试为畏途、一切把负重前行当吃亏、一切“躲进小楼成一统”逃避责任的思想和行为，都是要不得的，都是成不了事的，也是难以真正获得人生快乐的。

新时代中国青年要珍惜这个时代、担负时代使命，在担当中历练，在尽责中成长，让青春在新时代改革开放的广阔天地中绽放，让人生在实现中国梦的奋进追逐中展现出勇敢奔跑的英姿，努力成为德智体美劳全面发展的社会主义建设者和接班人！

第四，新时代中国青年要勇于砥砺奋斗。奋斗是青春最亮丽的底色。“自信人生二百年，会当水击三千里。”民族复兴的使命要靠奋斗来实现，人生理想的风帆要靠奋斗来扬起。没有广大人民特别是一代代青年前赴后继、艰苦卓绝的接续奋斗，就没有中国特色社会主义新时代的今天，更不会有实现中华民族伟大复兴的明天。千百年来，中华民族历经苦难，但没有任何一次苦难能够打垮我们，最后都推动了我们民族精神、意志、力量的一次次升华。今天，我们的生活条件好了，但奋斗精神一点都不能少，中国青年永久奋斗的好传统一点都不能丢。在实现中华民族伟大复兴的新征程上，必然会有艰巨繁重的任务，必然会有艰难险阻甚至惊涛骇浪，特别需要我们发扬艰苦奋斗精神。奋斗不只是响亮的口号，而是要在做好每一件小事、完成每一项任务、履行每一项职责中见精神。奋斗的道路不会一帆风顺，往往荆棘丛生、充满坎坷。强者，总是从挫折中不断奋起、永不气馁。

新时代中国青年要勇做走在时代前列的奋进者、开拓者、奉献者，毫不畏惧面对一切艰难险阻，在劈波斩浪中开拓前进，在披荆斩棘中开辟天地，在攻坚克难中创造业绩，用青春和汗水创造出让世界刮目相看的新奇迹！

第五，新时代中国青年要练就过硬本领。青年是苦练本领、增长才干的黄金时期。"青春虚度无所成，白首衔悲亦何及。"当今时代，知识更新不断加快，社会分工日益细化，新技术新模式新业态层出不穷。这既为青年施展才华、竞展风采提供了广阔舞台，也对青年能力素质提出了新的更高要求。不论是成就自己的人生理想，还是担当时代的神圣使命，青年都要珍惜韶华、不负青春，努力学习掌握科学知识，提高内在素质，锤炼过硬本领，使自己的思维视野、思想观念、认识水平跟上越来越快的时代发展。

新时代中国青年要增强学习紧迫感，如饥似渴、孜孜不倦学习，努力学习马克思主义立场观点方法，努力掌握科学文化知识和专业技能，努力提高人文素养，在学习中增长知识、锤炼品格，在工作中增长才干、练就本领，以真才实学服务人民，以创新创造贡献国家！

第六，新时代中国青年要锤炼品德修为。人无德不立，品德是为人之本。止于至善，是中华民族始终不变的人格追求。我们要建设的社会主义现代化强国，不仅要在物质上强，更要在精神上强。精神上强，才是更持久、更深沉、更有力量的。青年要把正确的道德认知、自觉的道德养成、积极的道德实践紧密结合起来，不断修身立德，打牢道德根基，在人生道路上走得更正、走得更远。面对复杂的世界大变局，要明辨是非、恪守正道，不人云亦云、盲目跟风。面对外部诱惑，要保持定力、严守规矩，用勤劳的双手和诚实的劳动创造美好生活，拒绝投机取巧、远离自作聪明。面对美好岁月，要有饮水思源、懂得回报的感恩之心，感恩党和国家，感恩社会和人民。要在奋斗中摸爬滚打，体察世间冷暖、民众忧乐、现实矛盾，从中找到人生真谛、生命价值、事业方向。

新时代中国青年要自觉树立和践行社会主义核心价值观，善于从中华民族传统美德中汲取道德滋养，从英雄人物和时代楷模的身上感受道德风范，从自身内省中提升道德修为，明大德、守公德、严私德，自觉抵制拜金主义、享乐主义、极端个人主义、历史虚无主义等错误思想，追求更有高度、更有境界、更有品位的人生，让清风正气、蓬勃朝气遍布全社会！

……

青年朋友们、同志们！

自古英雄出少年。在漫漫历史长河中，人类社会青年英雄辈出，中华民族青年英雄辈出。《共产党宣言》发表时马克思是 30 岁，恩格斯是 28 岁。列宁最初参加革命活动时只有 17 岁。牛顿和莱布尼茨发现微积分时分别是 22 岁和 28 岁，达尔文开始环球航行时是 22 岁，爱因斯坦提出狭义相对论时是 26 岁。贾谊写出"西汉一代最好的政论"时不到 30 岁，王勃写下千古名篇《滕王阁序》时才 20 多岁。在我们党领导人民进行革命、建设、改革的伟大历史进程中更是青年英雄辈出。中共一大召开时毛泽东是 28 岁，周恩来参加中国共产党时是 23 岁，邓小平参加旅欧中国少年共产党时是 18 岁。杨靖宇牺牲时是35岁，赵一曼牺牲时是31岁，江姐牺牲时是29岁，红三十四师师长陈树湘牺牲时是29岁，邱少云牺牲时是26岁，雷锋牺牲时是22岁，黄继光牺牲时是21岁，刘胡兰牺牲时只有15岁。守岛32年的王继才第一次登上开山岛时是26岁，航天报国的嫦娥团队、神舟团队平均年龄是33岁，北斗团队平均年龄是35岁。这样的青年英杰数不胜数！我们要用欣赏和赞许的眼光看待青年的创新创造，积极支持他们在人生中出彩，为青年取得的成就和成绩点赞、喝彩，让青春成为中华民族生气勃发、高歌猛进的持久风景，让青年英雄成为驱动中华民族加速迈向伟大复兴的蓬勃力量！

……

青年是国家的未来，也是世界的未来。中国梦与世界梦息息相通，中华民族应该对人类社会作出更大贡献。新时代中国青年，要有家国情怀，也要有人类关怀，发扬中华文化崇尚的四海一家、天下为公精神，为实现中华民族伟大复兴而奋斗，为推动共建“一带一路”、推动构建人类命运共同体而努力。

青年朋友们！一代人有一代人的长征，一代人有一代人的担当。建成社会主义现代化强国，实现中华民族伟大复兴，是一场接力跑。我们有决心为青年跑出一个好成绩，也期待现在的青年一代将来跑出更好的成绩。衷心希望新时代中国青年积极拥抱新时代、奋进新时代，让青春在为祖国、为人民、为民族、为人类的奉献中焕发出更加绚丽的光彩！

……

【经典导读二】

青春①

——塞缪尔·厄尔曼

青春不是年华，而是心境；青春不是桃面、丹唇、柔膝，而是深沉的意志、恢宏的想象、炽热的感情；青春是生命的深泉涌流。

青春气贯长虹，勇锐盖过怯懦，进取压倒苟安。如此锐气，二十后生而有之，六旬男子则更多见。年岁有加，并非垂老；理想丢弃，方堕暮年。

岁月悠悠，衰微只及肌肤；热忱抛却，颓废必致灵魂。忧烦，惶恐，丧失自信，定使心扭曲，意气如灰。

无论年届花甲，抑或二八芳龄，心中皆有生命之欢乐、奇迹之诱惑，孩童般天真久盛不衰。人的心灵应如浩淼瀚海，只有不断接纳美好、希望、欢乐、勇气和力量的百川，才能青春永驻、风华长存。

一旦心海枯竭，锐气便被冰雪覆盖，玩世不恭、自暴自弃油然而生，即使年方二十，实已垂垂老矣；然则只要虚怀若谷，让喜悦、达观、仁爱充盈其间，你就有望在八十高龄告别尘寰时仍觉年轻。

---

① 丰子恺等：《丰富的安静：最美的诵读》，太原：希望出版社，2015年版，第161—162页。

第三模块　实践拓展

【项目一】问卷调查——当代大学生人生观、价值观现状

一、实践目的

通过问卷调查了解当代大学生的人生观、价值观，并思考自己的人生观与价值观。

二、实践方案

5～6 人为一组，各组选出自己的组长，各组组员分工协作，通过问卷调查的方式了解当代大学生的人生观与价值观。结合问卷情况写出 1000～3000 字的小组调查报告。

要求：

1. 问卷数量不得少于 60 份；

2. 调查报告需描述当代大学生的人生观与价值观现状，分析影响人生观与价值观的原因，最后谈谈自己对人生观、价值观的看法。

三、问卷参考

“领悟人生真谛，创造人生价值”。大学时代，是大学生形成人生观的关键时期。为了更好地了解当代大学生的人生观和价值观，我们设计了这份问卷，问卷为匿名问卷，希望您能结合您的实际情况回答。非常感谢！

1. 您的性别是（　　）。

A. 男　　　　B. 女

2. 您现在所学的专业是（　　）。

A. 文科　　　　B. 理科　　　　C. 工科

D. 农科　　　　E. 医科

3. 您向往的生活是（　　）。

A. 在一定经济基础上，尽可能追求个性张扬和风格独立的自由生活

B. 物质极其丰富，无尽享乐的生活

C. 为追求自己的理想而奋斗的生活

D. 平静稳定的生活

4. 您认为一生中什么最重要（　　）。

A. 家庭美满幸福　　　　B. 事业成功

C. 身体健康　　　　D. 拥有一份完美的爱情

E. 知识　　　　F. 社会地位

5. 您认为生活中哪些因素对人生观影响最大（　　）。

A. 家人的想法　　B. 朋友和同学的想法

C. 社会现实　　D. 个人阅历

E. 书本、网络信息等知识媒介　　F. 老师的影响

6. 促使您读大学的原因是（　　）。

A. 促进祖国的繁荣昌盛，改变家乡面貌

B. 对学习活动或学科内容感兴趣

C. 服从家长的决定，实现家庭的愿望

D. 增强竞争实力，找份好工作

E. 不知道，跟着老师和同学的节奏走

7. 您平时对待考试的态度是（　　）。

A. 平时用功，融会贯通　　B. 考前用功，追求高分

C. 心态平和，但求及格　　D. 懒得挣扎，挂科没啥

8. 您最崇拜的人是（　　）。

A. 国家领袖　　B. 明星

C. 朋友或亲人　　D. 在某一领域独树一帜的人

9. 您认为大学生需要有一个明确的人生观吗？（　　）

A. 需要　　B. 不需要　　C. 无所谓

10. 您判断人生价值的标准是（　　）。

A. 对社会贡献的大小　　B. 自我满足程度

C. 社会地位的高低　　D. 拥有的财富

11. 您认为人的尊严和金钱的关系是（　　）。

A. 两者都重要，但不会以尊严换取金钱

B. 两者都重要，为了金钱可以牺牲尊严

C. 无所谓

12. 您认为成功的人生是实现梦想吗？（　　）

A. 是。没有实现梦想的人生是不完整的

B. 不是。只要努力追求梦想，成不成功并不重要

C. 不是。梦想只是梦想，没有实现也无所谓

13. 您比较赞成的消费观是（　　）。

A. 追求名牌与时尚，为此可以超前消费

B. 有钱难买心头好，遇到喜欢的东西借钱也会买下来

C. 有多少钱花多少钱，但不超过自己的承受能力

D. 以经济实惠为主，偶尔也会花钱买一些奢侈品

E. 理智客观地从自身实际出发消费

14. 您觉得您目前是哪类大学生？（　　）

A. 有理想有抱负有目标，生活很充实，积极为自己的目标努力着

B. 很迷茫，不知道前进的方向，不知道应该如何努力

C. 无所谓，随遇而安，开心就好

D. 对自己的前途很悲观，不知道读大学的意义是什么

【项目二】课堂讨论——“我的人生观和价值观”

一、实践目的

通过课堂讨论的形式，谈谈自己的人生观和价值观，审视自己的人生目标是否有价值，什么样的人生才是有价值的人生，如何实现自己的人生价值。

二、实践方案

5~6 人为一组，分小组讨论。讨论流程一般为：主题→思考→讨论→整合→总结。小组讨论结束后，每一组选一名代表总结发言。

【项目三】课后思考

请同学们自由组成小组，结合本章所学内容，从下列题目（也可以围绕理想信念自拟题目）中任选一个进行深入的研究性学习，搜集相关文献、案例，展开讨论，最后每位同学提交一份 1000~3000 字的报告。

1. 如何正确认识和处理人生矛盾？
2. 如何理解人生的自我价值与社会价值之间的关系？
3. 新时代大学生应该如何成就出彩人生？

第四模块　自测练习

一、单项选择题

1. 人生目的是人在人生实践中关于自身行为的根本指向和人生追求，它所认识和回答的根本问题是（　　）。（2012 年全国硕士研究生入学考试政治真题）

A. 人为什么活着　　B. 人如何对待生活

C. 怎样对待人生境遇　　D. 怎样选择人生道路

2.“人的本质不是单个人所固有的抽象物，在其现实性上，它是一切社会关系的总和。”这句话说明，人的本质属性是（　　）。

A. 自然属性　　B. 社会属性

C. 历史属性　　D. 阶级属性

3. 习近平总书记同青年大学生座谈时强调：“要树立正确的世界观、人生观、价值观，掌握了这把总钥匙，再来看看社会万象、人生历程，一切是非、正误、主次，一切真假、善恶、美丑，自然就洞若观火、清澈明了，自然就能作出正确判断、作出正确选

择。”这说明，大学生思考和规划自己的人生之路，首先要学会（　　）。

A. 科学了解自然科学知识　　B. 科学看待人生的根本问题

C. 科学了解社会科学知识　　D. 科学回答人的价值这一问题

4. 人生观决定着人生道路的方向，也决定着人们行为选择的价值取向和用什么样的方式对待实际生活。人生观的核心是（　　）。

A. 人生目的　　B. 人生态度

C. 人的本质　　D. 人生道路

5. 个体的人生活动对自己的生存和发展所具有的价值是（　　）。

A. 社会价值　　B. 人生价值

C. 自我价值　　D. 内在价值

6. 个体的实践活动对社会、他人所具有的价值是（　　）。

A. 社会价值　　B. 人生价值

C. 自我价值　　D. 内在价值

7. 人是社会的人，每一个人都存在和活动于具体的、基于特定历史的现实社会当中。个人与社会是对立统一的关系，两者相互依存、相互制约、相互促进。个人与社会的关系最根本的是（　　）。（2021 年全国硕士研究生入学考试政治真题）

A. 个人价值与社会价值的关系

B. 个人利益与社会利益的关系

C. 个人理想与社会理想的关系

D. 个人存在与社会存在的关系

8. 毛泽东同志年轻时立志“以天下为己任”，周恩来少年时决心“为中华之崛起而读书”。这些事例告诉我们（　　）。

A. 人生目的决定选择什么样的人生价值标准

B. 人生目的决定持什么样的人生态度

C. 人生目的决定走什么样的人生道路

D. 人生目的决定保持什么样的人生精神状态

9. 毛泽东同志说：“人民，只有人民，才是创造世界历史的动力。”这种群众史观反映到人生观上必然是（　　）。

A. 为家庭而奋斗　　B. 为人民服务

C. 为个人谋福利　　D. 主观为自己，客观为他人

10. 马克思说：“人只有为同时代人的完美、为他们的幸福而工作，自己才能达到完美。如果一个人只为自己劳动，他也许能够成为著名的学者、伟大的哲人、卓越的诗人，然而他永远不能成为完美的、真正伟大的人物。”这表明（　　）。（2019 年全国硕士研究生入学考试政治真题）

A. 实现自我价值是创造社会价值的原因

B. 人生价值是自我价值和社会价值的统一

C. 人生社会价值可以代替自我价值

D. 个人价值的实现取决于他人的认可

11. 人的社会性决定了人生的社会价值。评价人生价值的根本尺度（　　）。

A. 实践活动是否符合自己和家庭成员的发展需要

B. 对社会做出的物质贡献

C. 实践活动是否符合社会发展的客观规律，是否促进了历史的进步

D. 是否用自己的劳动和聪明才智为国家和社会做出贡献

12. 马克思说："在选择职业时，我们应该遵循的主要指针是人类的幸福和我们自身的完美。不应认为，这两种利益会彼此敌对、互相冲突。"这里，马克思说为人类谋幸福是人生的（　　）。

A. 境遇　　B. 社会价值

C. 自我价值　　D. 必然追求

13. 钱学森曾说："我作为一名中国的科技工作者，活着的目的就是为人民服务。如果人民最后对我的一生所做的工作表示满意的话，那才是最高的奖赏。"这说明评价人生价值的根本尺度是（　　）。（2015 年全国硕士研究生入学考试政治真题）

A. 个人在社会中的影响

B. 个人在社会中的地位

C. 个人从社会中获得的满足感

D. 个人对社会和他人的生存和发展的贡献

14. 个体的人生活动不仅具有满足自我需要的价值属性，还必然包含着满足社会需要的价值属性。个人的需要能不能从社会中得到满足，在多大程度上得到满足，取决于他的（　　）。（2013 年全国硕士研究生入学考试政治真题）

A. 社会影响　　B. 社会价值

C. 社会地位　　D. 社会理想

15. 社会主义核心价值观为人们确定和实现人生价值提供了基本准则。人生价值评价主要是看一个人的人生活动是否符合社会的客观规律，其评价的根本尺度是（　　）。

A. 历史标准　　B. 经济标准

C. 政治标准　　D. 文化标准

16. 习近平总书记在中国科学院第十九次院士大会、中国工程院第十四次院士大会上的讲话中说："长期以来，一代又一代科学家怀着深厚的爱国主义情怀，凭借深厚的学术造诣、宽广的科学视角，为祖国和人民做出了彪炳史册的重大贡献。祖国大地上一座座科技创新的丰碑，凝结着广大院士的心血和汗水。我们的很多院士都具有'先天下之忧而忧，后天下之乐而乐'的深厚情怀，都是'干惊天动地事，做隐姓埋名人'的民族英雄!"中国很多院士都是民族英雄，是因为他们（　　）。

A. 将自己的聪明才智奉献给了国家，实现了个人价值

B. 将自己的聪明才智奉献给了国家，实现了自我价值

C. 将自己的聪明才智奉献给了国家，实现了社会价值

D. 将自己的聪明才智奉献给了国家，在追求个人价值中实现了社会价值

17. 爱因斯坦评价居里夫人时说："在像居里夫人这样一位崇高人物结束她的一生的时候，我们不要仅仅满足于回忆她的工作成果对人类已经做出的贡献。第一流人物对

于时代和历史进程的意义，在其道德品德方面，也许比单纯的才智成就方面还要大。”这说明，评价社会成员人生价值的大小必须坚持（　　）。

A. 能力大小与贡献相统一

B. 物质贡献与精神贡献相统一

C. 完善自身与贡献社会相统一

D. 能力大小与获得的荣誉相统一

18. “塞翁失马焉知非福”“吃一堑，长一智”说明了要树立正确的（　　）。

A. 苦乐观　　B. 荣辱观

C. 顺逆观　　D. 得失观

19. “红军不怕远征难，万水千山只等闲……更喜岷山千里雪，三军过后尽开颜”，表达的是（　　）。

A. 正确的苦乐观　　B. 正确的得失观

C. 正确的顺逆观　　D. 正确的荣辱观

20. “主观为自己，客观为他人”是合理利己主义的代表性观点。它是一种消极的人生价值观，其错误的理论依据是（　　）。

A. 人具有社会性　　B. 人的社会性和自然性是统一的

C. 人的本性自私论　　D. 人的本质是一切社会关系的总和

21. 实现人生价值的必由之路是（　　）。

A. 树立正确的人生观　　B. 树立正确的价值观

C. 进行个人创造性的社会实践活动　　D. 选择正确的人生目标

22. 马克思说过，真正现实人的存在，就是他为别人的存在和别人为他的存在。这说明（　　）。

A. 人的价值就是人自身的存在

B. 人的价值就要依靠别人的存在来证明

C. 人与自身的关系，要通过人同其他人的关系来实现和表现

D. 人生价值的本质是社会对个人的尊重和满足

23. 爱因斯坦认为：“一个人对社会的价值首先取决于他的感情、思想和行动对增进人类利益有多大作用，而不应看他取得什么。”这说明（　　）。

A. 一个人的能力越大，他的社会价值越大

B. 一个人的社会价值主要通过他对社会做出的贡献来体现

C. 一个人从社会中获得的财富越多，他的社会价值越大

D. 一个人从社会中获得的尊重越多，他的社会价值越大

24. 下面关于幸福观的理解，错误的是（　　）。

A. 幸福可遇不可求，正所谓“命里有时终须有，命里无时莫强求”

B. 幸福是奋斗出来的

C. 一定的物质条件是实现幸福的前提

D. 精神生活的充实是幸福重要的方面

25. 司马迁说过：“人固有一死，或重于泰山，或轻于鸿毛。”这一千古名言说明人

应该树立正确的（　　）。

A. 得失观　　B. 荣誉观

C. 苦乐观　　D. 生死观

26. 认识和处理人生问题的重要着眼点和出发点是（　　）。

A. 个人与群众的关系问题　　B. 个人与社会的关系问题

C. 个人与国家的关系问题　　D. 个人与集体的关系问题

27. 哈佛大学有一个非常著名的关于人生目的对人生影响的跟踪调查。对象是一群智力、学历、环境等条件差不多的年轻人。调查结果发现：27%的人没有人生目的；60%的人人生目的模糊；10%的人有清晰但比较短期的人生目的；3%的人有清晰且长期的人生目的。跟踪研究结果显示：那些占3%者，25年来几乎都不曾改过自己的人生目的。25年后，他们中的绝大部分人成了社会各界的顶尖成功人士。这说明（　　）。

A. 人生目的决定人生信仰　　B. 人生目的决定人生态度

C. 人生目的决定个人成就　　D. 人生目的决定人生价值标准

28. “因为我和其他护士不一样，我是汶川人啊！”——新冠肺炎疫情暴发后，四川省第四人民医院护士佘沙请战时的一番话，让中国人民为之动容。经多次请愿，她终于如愿以偿，于2020年2月2日随援鄂医疗队启程出征，成为以钟南山院士为代表的最美“逆行者”中的一员。佘沙在奉献中实现了自我价值，这体现了（　　）。

A. 人生价值的实现必须有良好的社会环境

B. 发挥主观能动性就能实现人生价值

C. 人生的自我价值和社会价值是统一的

D. 要实现社会价值必须先实现自我价值

29. 有人问亚里士多德：“你和平庸的人有什么不同?”这位古希腊哲学家回答道：“平庸的人活着是为了吃饭，而我吃饭是为了活着。”亚里士多德所说的“吃饭是为了活着”揭示了（　　）。

A. 物质对人生的重要意义

B. 实现人生价值的重要意义

C. 个体对社会和他人做贡献的重要意义

D. 坚定理想信念的重要性

30. 人的生命是有限的，但生命的意义和价值却可以超越时间。实现人生价值的根本途径是（　　）。

A. 培养积极进取的人生态度

B. 自觉提高自我的主体素质和能力

C. 正确认识自我价值和社会价值的关系

D. 进行有意识、有目的的创造性实践活动

二、多项选择题

1. 爱因斯坦说：“我评价一个人的真正价值只有一个标准，即看他在多大程度上摆脱了自我。”对这句话的正确理解有（　　）。

A. 个人人生价值的大小要看社会对他的满意程度

B. 人生价值的大小取决于他自我价值实现的程度

C. 人生的真正价值在于对社会的奉献

D. 对社会的贡献越大，摆脱自我的程度也就越大，个人的人生价值也越大

2. “个人的抱负不可能孤立地实现，只有把它同时代和人民的要求紧密结合起来，用自己的知识和本领为祖国为人民服务，才能使自身价值得到充分实现。”这句话的含义是（　　）。

A. 人生价值的本质是个人对社会的责任和贡献

B. 确立服务人民、奉献社会的人生追求，是实现人生价值的前提条件

C. 一个人想要实现自我价值，就得为社会创造价值

D. 社会对个人的尊重和满足决定人生社会价值的实现程度

3. 世界观是人们对生活在其中的世界以及人与世界的关系的总体看法和根本观点。体现人生观与世界观密切关系的有（　　）。

A. 世界观决定人生观

B. 对人生意义的正确理解，需要建立在对客观世界发展规律正确认识的基础上

C. 树立正确的人生观离不开马克思主义科学世界观的指导

D. 人生观对世界观的巩固、发展和变化起着重要作用

4. 任何人都只能在一定的主客观条件下去实现自己的人生价值，所以正确把握人生价值实现的条件至关重要。下列选项中，属于人生价值实现条件的有（　　）。

A. 实现人生价值要从社会客观条件出发

B. 实现人生价值要从个体自身条件出发

C. 不断增强实现人生价值的能力和本领

D. 积极投身社会实践

5. 人生观决定着人生道路的方向，人生观的主要内容有（　　）。

A. 人生目的　　B. 人生态度

C. 人生价值　　D. 人生理想

6. 个人与社会是对立统一的关系，两者相互依存、相互制约、相互促进。个人与社会的关系，最根本的是个人利益与社会利益的关系。体现个人利益与社会利益关系的有（　　）。

A. 社会利益离不开个人利益，个人利益也离不开社会利益

B. 社会利益是个人利益得以实现的前提和基础，保障着个人利益的实现

C. 社会利益就是社会中每个人利益的叠加

D. 在社会主义社会中，个人利益与社会利益在根本上是一致的

7. 人生目的的作用有（　　）。

A. 决定走怎么样的人生道路　　B. 决定持什么样的人生态度

C. 决定做什么样的人生价值选择　　D. 决定过什么样的人生

8. 青年歌手丛飞在 8 年时间内，捐资上百万资助贫困山区的失学儿童，而自己却因身患癌症负债 17 万元。有人这样评价他“丛飞从帮助别人的过程中得到了快乐，感

受到了幸福”，也有人认为“丛飞的做法很不可理解，人应该在保证自己生活的前提下再去帮助别人”。丛飞的行为，体现了（　　）。

A. 人生价值的本质是社会对个人的尊重和满足

B. 人的价值大小取决于对社会的贡献

C. 实现人生价值要从个体自身条件出发

D. 个人的价值不仅表现在物质方面，更表现在精神方面

9. 要客观、公正、准确地评价社会成员人生价值的大小，除了要掌握科学的标准外，还需要掌握恰当的评价方法。因此必须坚持（　　）。

A. 能力大小与贡献相统一　　B. 物质贡献与精神贡献相统一

C. 完善自身与贡献社会相统一　　D. 获得与贡献相统一

10. 人们在实践中努力实现自己的人生价值。实现人生价值要（　　）。

A. 从社会客观条件出发

B. 从个体自身条件出发

C. 不断增强实现人生价值的能力和本领

D. 不断提高自己的社会地位

11. 叔本华说：“理性是明眼的瘸子，意志是刚强的瞎子，理性需要意志背负着走路，而意志需要理性指路。”这句话说明（　　）。

A. 人生目的决定着人们对待实际生活的基本态度和人生价值的评判标准

B. 人生态度影响着人们对人生目的的坚守和人生价值的评判

C. 理性和意志相互依存的关系可以看作追求人生价值的过程

D. 人生目的、人生态度和人生价值是相辅相成的关系

12. 下面关于幸福观的说法，正确的是（　　）。

A. 幸福是一个总体性概念

B. 幸福不会从天而降，幸福都是努力奋斗出来的

C. 一定的物质条件是实现幸福的前提

D. 追求个人幸福不应该损害他人利益和社会利益

13. 荣辱是一对基本道德范畴。“荣”即荣誉，是指社会对个人履行社会义务所给予的褒扬与赞许，以及个人所产生的自我肯定性心理体验；“辱”即耻辱，是指社会对个人不履行社会义务所给予的贬斥和谴责，以及个人所产生的自我否定性心理体验。荣辱观（　　）。

A. 是人们对荣辱问题的根本看法和态度，是一定社会思想道德原则和规范的体现与表达

B. 与人的文明程度、社会的治乱安危紧密联系在一起

C. 对个人的思想行为具有鲜明的动力、导向和调节作用

D. 对自身判断行为得失，做出道德选择，确定价值取向，提供基本的价值准则和行为规范

14. 大学生要科学认识实际生活中的各种问题，勇敢面对和正确处理各种人生矛盾。在下列语句中，正确认识人生矛盾的有（　　）。

A. 面对困难，我们应该坚信“艰难困苦、玉汝于成”

B. 对于得失，我们应该认识到“人生在于奉献，不要考虑个人的得失”

C. 对待生死，我们应该“杀身成仁、舍生取义”

D. 对待顺逆，我们应该“乘风而勇进，处低谷而力争”

15. 社会主义荣辱观强调以热爱祖国为荣、以危害祖国为耻，以崇尚科学为荣、以愚昧无知为耻，以辛勤劳动为荣、以好逸恶劳为耻，以遵纪守法为荣、以违法乱纪为耻。此外，还强调（　　）。

A. 以服务人民为荣、以背离人民为耻

B. 以团结互助为荣、以损人利己为耻

C. 以诚实守信为荣、以见利忘义为耻

D. 以艰苦奋斗为荣、以骄奢淫逸为耻

16. 马克思说：“人是最名副其实的政治动物，不仅是一种合群的动物，而且是只有在社会中才能独立的动物。”这说明，人生价值应该包括社会价值和自我价值两个方面。因此，对于人生价值认识正确的是（　　）。

A. 人生自我价值的实现是个体为社会创造更大价值的前提

B. 人生价值的实现是个体自我完善、全面发展的保障

C. 没有社会价值，人的自我价值就无法存在

D. 衡量人生社会价值的标准是社会对自我的满足程度

17. 近年来，一些地方政府出于社会利益的考虑，准备在某些地点设立垃圾厂、核电站、殡仪馆等公共设施，这往往引起当地居民或单位的不满，滋生“不要建在我家后院”的“邻避效应”心理。“邻避效应”的根源在于如何处理个人与社会的关系。其中，社会利益是（　　）。

A. 是社会发展的根本目标

B. 作为社会成员的个人的根本利益和长远利益的体现

C. 个人利益得以实现的前提和基础

D. 所有人利益的有机统一

18. 马克思说：“历史承认那些为共同目标劳动因而自己变得高尚的人是伟大人物；经验赞美那些为大多数人带来幸福的人是最幸福的人。”辩证对待人生矛盾、必须树立正确的幸福观。幸福（　　）。

A. 是一个总体范畴

B. 是尽善尽美的

C. 是奋斗出来的，奋斗本身就是一种幸福

D. 不能建立在损害社会整体利益和他人利益的基础上

19. “文王拘而演《周易》；仲尼厄而作《春秋》；屈原放逐，乃赋《离骚》；左丘失明，厥有《国语》；孙子膑脚，《兵法》修列；不韦迁蜀，世传《吕览》；韩非囚秦，《说难》《孤愤》；《诗》三百篇，大抵圣贤发愤之所为作也。”司马迁这段话对我们辩证对待人生矛盾、树立正确顺逆观的启发是（　　）。

A. 顺境和逆境是人生历程中两种不同的境遇

B. 在人生旅途中没有永远的顺境，也没有永远的逆境

C. 受磨难而奋进，这是身处逆境的学问

D. 顺境对人生的作用巨大，逆境则只有消极作用

20. 党的十八大报告对青年人提出了殷切希望：广大青年要积极响应党的号召，树立正确的世界观、人生观、价值观，永远热爱我们伟大的祖国，永远热爱我们伟大的人民，永远热爱我们伟大的中华民族，在投身中国特色社会主义伟大事业中，让青春焕发出绚丽的光彩。世界观、人生观、价值观是紧密联系在一起的。世界观和人生观的关系是（　　）。

A. 世界观决定人生观

B. 人生观从属于世界观

C. 世界观从属于人生观

D. 人生观对世界观的巩固、发展和变化起着重要作用

三、判断正误并陈述理由

1. 既要立足于具体的、历史的社会关系中从事社会实践的人，也要从抽象的人性论出发，全面综合地认识人的本质。

2. 人生态度是指人们通过生活实践形成的对自身行为的根本指向和对人生问题的稳定倾向。

3. 人生观对世界观的巩固、发展和变化起着重要作用。人生观决定世界观，有什么样的人生观就有什么样的世界观。

4. 个人与社会的关系，最根本的是个人利益与社会利益的关系。

5. 评价人生价值的根本尺度，是看一个人对社会做出了多大的贡献，既包含了这个人对社会做出的物质贡献，也包括这个人对社会做出的精神贡献。

四、简答题

1. 如何理解人生目的、人生态度和人生价值的关系？

2. 如何正确地评价人生价值?

3. 简述人生价值的实现条件。

4. 简述如何辩证对待人生矛盾。

5. 简述个人与社会的辩证关系。

五、论述题

1. 根据马克思主义关于个人与社会关系的原理，说明人的自我价值与社会价值的关系。

2. 当代大学生应该如何正确对待人生矛盾，创造有意义的人生?

六、材料分析题

1. 结合材料回答问题。

郭明义，鞍山钢铁集团矿业公司齐大山铁矿采场公路管理员。几十年来，他照着雷锋那样去做:“把雷锋的道路作为自己的人生选择，把雷锋的境界作为自己的人生追求”，连续15年每天提前2小时上班，相当于多奉献了5年的工作量；连续20年先后55次无偿献血、捐献血小板，累计近6万毫升；连续16年为希望工程、工友、灾区群众捐款12万元，资助180多名特困生。可是，他一家至今还是住在一间不过40平米的旧楼房里。

有人曾不解地问郭明义，你这么做究竟值不值得?“如果发出一点光，放出一点热，能够换来孩子幸福的笑脸，换来他人生命之花的绽放，换来人与人之间的温暖和谐，这样的人生，我无怨无悔!”“给人温暖就是给自己幸福。”他是这样说的，也是这样做的。

30年来，郭明义就像一支火把燃烧着自己，也燃旺着志愿者和社会上更多人的爱心。他8次发起捐献造血干细胞的倡议，得到1700多人的响应；他7次发起献血的建议，600 多人无偿献出 15 万毫升热血；他发起成立遗体（器官）捐献志愿者俱乐部，汇聚了 200 多名志愿者；他发起成立“郭明义爱心联队”，从 12 人已经发展到 2800 多人，捐款 40 余万元，资助特困生 1000 多名。

郭明义的精神是一块磁石，在鞍钢、在辽宁、在全国吸引汇集越来越多的人加入爱心行动，为他人奉献、为社会分忧、为国家尽责，凝聚成巨大的道德力量，推进着当代中国社会稳定和谐发展。郭明义的先进事迹体现了“简单中的伟大”。

——摘编自龚达发、郑少忠等《新时期的道德模范——郭明义》①

（2011 年全国硕士研究生入学考试政治真题）

（1）如何理解“给人温暖就是给自己幸福”？

（2）为什么说郭明义的先进事迹是“简单中的伟大”？

① 龚达发、郑少忠等：《新时期的道德模范——郭明义》，《人民日报》2010 年 9 月 19 日。

2. 结合材料回答问题。

材料 1

世上没有从天而降的英雄，只有挺身而出的凡人。

——摘自习近平《在全国抗击新冠肺炎疫情表彰大会上的讲话》①

材料 2

社会主义是干出来的，新时代是奋斗出来的。

——摘自习近平《在全国劳动模范和先进工作者表彰大会上的讲话》②

材料 3

前进的道路从不会一帆风顺，实现中华民族伟大复兴的中国梦需要一代一代青年矢志奋斗。

——摘自习近平《给中国石油大学（北京）克拉玛依校区毕业生的回信》③

材料 4

1948 年，孙景坤加入中国人民解放军，参加了四平战役、辽沈战役、平津战役和解放长沙、海南岛等战役，多次立功受奖。1950 年，孙景坤赴朝作战，参加过上甘岭战役，先后荣立一等功、三等功。1955 年，他复员后主动放弃留在城市的机会，毅然回乡务农。此后，孙景坤将过往的战斗功绩尘封起来，甘守清贫、不计得失，埋头苦干、造福桑梓。近日，中宣部授予孙景坤同志“时代楷模”称号。

南征北战，他立下赫赫战功；和平时期，他甘于默默无闻。这种掩藏过往荣誉、甘心复归平淡的做法，在孙景坤看来是自然而然的。他在日复一日的平常日子里，努力实现自己的价值，在隐藏“战斗英雄”的同时，也定义了“平凡英雄”该有的样子。

为了人民的幸福而付出，这是孙景坤的“幸福哲学”。房子因年久失修而漏雨，住院做手术缺钱，有人劝他“去上面找一找”，他断然拒绝；带领乡亲改变家乡面貌，为下一代做爱国主义教育，捐献珍藏多年的立功证书，他却毫无保留……孙景坤总是先想着党、想着国家、想着别人，把自己摆在最后。

从孙景坤的事迹中，我们不难想起主动辞官、回乡务农的将军甘祖昌，也不难想到深藏功名、默默付出的老英雄张富清。面向未来，像“孙景坤们”一样，在无私奉献中感受幸福，在甘守平凡中超越平凡，我们就能做出利国利民的过硬业绩，成就壮丽人生。

——摘编自骆冰《人民日报暖文热评：在甘守平凡中超越平凡》④

材料 5

从医从教一甲子，钟南山以其专业精神、勇敢担当和仁心大爱，诠释了医者的初心和使命，诚如他在全国抗击新冠肺炎疫情表彰大会上发言时所讲，“‘健康所系，性命相

---

① 习近平：《在全国抗击新冠肺炎疫情表彰大会上的讲话》，http://www.xinhuanet.com/politics/2020-09/08/c_1210790162.htm。

② 习近平：《在全国劳动模范和先进工作者表彰大会上的讲话》，北京：人民出版社，2020 年版，第 4 页。

③ 习近平：《给中国石油大学（北京）克拉玛依校区毕业生的回信》，http://www.xinhuanet.com/politics/leaders/2020-07/08/c_1126211499.htm。

④ 骆冰：《人民日报暖文热评：在甘守平凡中超越平凡》，《人民日报》2020 年 11 月 2 日。

托’，就是我们医务人员的初心；保障人民群众的身体健康和生命安全，是我们医者的使命。”

从17年前那一句“把最危重的病人转到我这里来”，到17年后“抗击疫情，医生就是战士，我们不冲上去谁冲上去”？钟南山肩上始终扛着医者的担当。

——摘编自姜晓丹、贺林平《“共和国勋章”获得者钟南山——大医精诚写大爱》①

（1）材料中孙景坤、钟南山的英雄事迹对我们的人生追求提供了哪些启示？

（2）如何理解“幸福是奋斗出来的”“实现中华民族伟大复兴的中国梦需要一代一代青年矢志奋斗”？

① 姜晓丹、贺林平：《“共和国勋章”获得者钟南山——大医精诚写大爱》，《人民日报》2020年9月9日.

第二章　坚定理想信念

第一模块　学习引导

理想指引人生成长的方向，信念则是理想实现的精神支撑。大学阶段是人生定向的关键时期，人生成长为什么需要科学理想信念的指引？人生该如何确立理想信念？如何面对理想与现实、个人理想与社会理想之间的矛盾与冲突？又该如何架起通往美好理想的桥梁？漫漫人生，唯有激流勇进、奋力拼搏，方能抵达理想的彼岸。大学生要深入理解理想信念对成长成才的重要意义，坚定马克思主义科学信仰，胸怀共产主义远大理想，树立中国特色社会主义共同理想，坚持个人理想和社会理想的统一，在实现中国梦的伟大实践中放飞青春梦想。

一、学习目标

1. 理解理想信念的内涵与特征，认识其对成长成才的重要意义。

2. 正确认识马克思主义的科学信仰，树立中国特色社会主义共同理想和共产主义远大理想。

3. 辩证看待理想与现实之间的矛盾，把个人理想和社会的共同理想结合起来，为实现中国梦注入青春能量。

二、知识结构

- 坚定理想信念
  - 理想信念的内涵及重要性
    - 什么是理想信念
    - 理想信念是精神之“钙”
  - 崇高的理想信念
    - 为什么要信仰马克思主义
    - 中国特色社会主义是我们的共同理想
    - 胸怀共产主义远大理想
  - 在实现中国梦的实践中放飞青春梦想
    - 理想与现实的关系
    - 个人理想与社会理想的统一
    - 为实现中国梦注入青春能量

三、学习重难点

1. 理想信念的含义和特征。

2. 理想信念对个人成长成才的重要性。
3. 理解个人理想与社会理想的关系。

第二模块　经典导读

【经典导读一】

坚定理想信念培育有为青年

——深入学习习近平总书记教育思想（九）[①]

历史经验表明，理想信念是养育一个民族精气神的“钙片”，是养成一个时代良好风尚的灵魂，有了理想信念，这个民族就有了不竭的奋斗意志，就会形成昂扬向上的精神风貌。中国共产党之所以取得辉煌成就，最根本的原因就是坚持了为共产主义奋斗终生的远大理想，弘扬和巩固了建设社会主义的共同理想，正是这种理想信念鼓舞了全党同志带领全国各族人民走上了民族复兴之路。

筑牢根基，树立为实现“两个一百年”奋斗目标和中国梦奋斗的理想信念

在迈向伟大复兴的征程中，青年是历史的重要一环，青年胸怀理想信念是实现中华民族伟大复兴的重要保障。习近平总书记在与北京大学师生座谈会上发表重要讲话指出：“我们比历史上任何时期都更接近实现中华民族伟大复兴的目标，比历史上任何时期都更有信心、更有能力实现这个目标。行百里者半九十。距离实现中华民族伟大复兴的目标越近，我们越不能懈怠、越要加倍努力，越要动员广大青年为之奋斗。”

青春要用来奋斗，青年是人一生中最富有朝气、最富有梦想的阶段。鸦片战争以来，面对列强坚船利炮的肆意欺凌，面对日趋崩溃沉沦的中国社会，有为青年始终与中华民族同呼吸、共命运。在思想启蒙年代，广大青年最先接受救国救民的新思想新主义，积极传播爱国进步、民主科学的启蒙精神，促进了马克思主义在中国的传播，推动了中国共产党的建立。在革命战争年代，广大青年满怀革命理想，为争取民族独立、人民解放冲锋陷阵、抛洒热血。在社会主义建设时期，广大青年响应党的号召，向困难进军，向荒原进军，保卫祖国，建设祖国，在新中国的广阔天地忘我劳动、艰苦创业。在改革开放新时期，广大青年发出团结起来、振兴中华的时代强音，为祖国繁荣富强开拓奋进、锐意创新，积极为实现中华民族的伟大复兴，不懈奋斗、砥砺前行。

历史和现实一再证明，青年兴则国家兴，青年强则国家强。青年一代有理想、有担当，国家就有前途，民族就有希望，实现中华民族伟大复兴中国梦的历史目标就有源源不断的强大力量。

---

① 张城、范玉刚：《坚定理想信念培育有为青年——深入学习习近平总书记教育思想（九）》，《中国教育报》2017年9月28日。

伴随改革开放近四十年来的持续深入推进，中国与世界的交流交往日趋紧密，不同文明之间发生相互碰撞，各种社会文化思潮竞相涌入，风格迥异的生活方式、花样翻新的价值观念，不断冲击着社会主义的主流价值观。同时，经济全球化加剧了跨国资本伴随文化思潮及其产品的渗透。在世俗化浪潮下，物质主义盛行，个人主义至上，消费主义风靡，娱乐主义肆虐。资本与金钱不仅挑战与解构了西方基督教价值观的神圣性和道德性，也对社会主义以道义为先、集体至上和人民为本的核心价值观构成了严峻挑战。同时，社会主义市场经济体制的确立，为中国社会注入了新的发展动能与活力，大大激发了社会生产力。但伴随社会结构的分化，形成了多元化的社会利益格局，利益的多元化必然导致思想上的多元主义，各种思想主张为了赢得支持，很容易激进，甚至走向极端化。这些都会对青年的世界观、人生观、价值观产生重大而深刻的影响，如何培养有为青年是对党的执政能力的重大考验。事实上，与过去时代相比，当代青年面对着更复杂多变的社会、更丰富多样的生活、更加激荡的多元文化思潮，更需从思想上坚定理想信念。

习近平总书记在同团中央新一届领导班子集体谈话时指出："青年时代树立正确的理想、坚定的信念十分紧要，不仅要树立，而且要在心中扎根，一辈子都能坚持为之奋斗。这样的有志青年，成千上万这样的有志青年，正是党、国家、人民所需要的。"

……

古人云："从其大体为大人，从其小体为小人。"理想指引人生方向，信念决定事业成败。没有理想信念，就会导致精神上"缺钙"。青年时代的马克思就树立了"为人类而工作"的理想信念，一生坚定而执着，并为之奋斗终生。孔子亦是在青年时代"十有五而志于学"，宋代大思想家朱熹对此曾这样解释，"心之所之谓之志，此所谓学，即大学之道也"。大学之道即"在明明德，在亲民，在止于至善"。可见孔夫子一生都心系天下苍生，始终追求"老者安之，朋友信之，少者怀之""庶民、富民、教民"的社会政治理想。中华人民共和国成立后，毛泽东同志对青年时代的理想信念铭记在心："我们青年的责任真是重大，我们应该做的事情真多，要走的道路真长。从那时候起，我就决心要为全中国痛苦的人，全世界痛苦的人贡献自己的全部力量。"可见，伟大的人物之所以伟大，就在于从青年时代起就树立了远大的理想、坚定的信念，唯此心中才会充满力量，前行才能风雨无阻，无论遇到多大的艰难困苦，都会充满斗志、矢志不渝。

树立什么样的理想信念至关重要。习近平总书记在同各界优秀青年代表座谈时指出，中国梦是全国各族人民的共同理想，也是青年一代应该牢固树立的远大理想。中国特色社会主义是我们党带领人民历经千辛万苦找到的实现中国梦的正确道路，也是广大青年应该牢固确立的人生信念。当今中国最鲜明的时代主题就是，实现"两个一百年"奋斗目标、实现中华民族伟大复兴的中国梦。中国共产党领导人民所开辟的中国特色社会主义道路正在成功引领中国梦的实现，这为广大青年建功立业提供了广阔舞台，使广大青年梦想成真有了光明前景。因此，广大青年要不断增强道路自信、理论自信、制度自信、文化自信，增强对坚持党的领导的信念，高举中国特色社会主义伟大旗帜，勇于肩负起中华民族赋予的神圣使命，勇敢担当起伟大时代赋予的历史重任。广大青年要自觉把个人的理想追求融入国家民族的伟大事业，勇做走在时代前列的开拓者、奋进者，在激情奋斗中绽放青春光芒，谱写无愧于伟大时代的青春之歌。

本领过硬，在建设社会主义现代化国家的征途上熔铸理想信念

广大青年要把理想信念熔铸在增强奋发有为的真本领上。

习近平总书记在与北京大学师生代表座谈时指出，建设富强民主文明和谐的社会主义现代化国家，实现中华民族伟大复兴，是鸦片战争以来中国人民最伟大的梦想，是中华民族的最高利益和根本利益。今天，我们13亿多人的一切奋斗归根到底都是为了实现这一伟大目标。伟大民族复兴目标的实现，需要有坚定理想信念，在努力学习中成才的奋发有为的青年。

古人教导我们："非学无以成才，非志无以成学。"学习是成长进步的阶梯，实践是提高本领的途径。青年一代的综合素质、精神状态，是一个民族蓬勃生命力的时代表征，也是构成一个国家核心竞争力的重要因素。习近平总书记在同各界优秀青年代表座谈时指出，广大青年一定要练就过硬本领。中华民族伟大复兴中国梦的实现，必须依靠有真才实学的社会主义有为青年。广大青年要从根本上树立梦想从学习开始、事业靠本领成就的人生信念，让勤奋学习成为筑梦青春的支撑，使增长本领成为回忆青春的骄傲。人生只有一次，青春就此一回，青年时代正是学习的黄金时期，应该把学习作为一种使命、一种责任、一种兴趣，注入充满激情与理想的青春岁月之中，融化于正在开展的社会主义伟大建设事业的中华大地之上，如革命先驱李大钊所说："以青春之我，创建青春之家庭，青春之国家，青春之民族，青春之人类，青春之地球，青春之宇宙，资以乐其无涯之生。"因此，青年要如海绵汲水般汲取知识，既要惜时如金、孜孜不倦，又要戒骄戒躁、虚怀若谷，多下苦功、多读经典。

习近平总书记在全国高校思想政治工作会议上强调，要坚持不懈传播马克思主义科学理论，抓好马克思主义理论教育，为学生一生成长奠定科学的思想基础。青年人学习首先就是要主动扎实地学习马克思主义经典著作，特别是贯彻其中的立场、观点和方法，这样才能深刻认识到人类社会的发展规律，才能始终坚定理想信念，才能在纷繁复杂的局面下坚持科学理论指导。

习近平总书记在同各界优秀青年代表座谈时指出，广大青年要坚持用邓小平理论、"三个代表"重要思想、科学发展观武装头脑，把理想信念建立在对科学理论的理性认同上，建立在对历史规律的正确认识上，建立在对基本国情的准确把握上，不断增强道路自信、理论自信、制度自信，增强对坚持党的领导的信念，永远紧跟党，高高举起中国特色社会主义伟大旗帜。

同时，在全球化知识信息时代，青年也要有时不我待的紧迫感，既打牢理论功底又及时更新知识，不断提高与时代发展和事业要求相适应的素质和能力。

"纸上得来终觉浅，绝知此事要躬行。"广大青年既要多读有字之书，又要多行万里之路，理论必须与实践相结合，到基层去、到西部去、到祖国最需要的地方去，通过丰富的社会生活实践，来磨炼人生，来增长知识和本领，为自己成为奋发有为的青年夯实基础。正如习近平总书记所言："青年时期是培养和训练科学思维方法和思维能力的关键时期，无论在学校还是在社会，都要把学习同思考、观察同思考、实践同思考紧密结合起来，保持对新事物的敏锐，学会用正确的立场观点方法分析问题，善于把握历史和

时代的发展方向，善于把握社会生活的主流和支流、现象和本质。”

付诸实践，在历练中磨炼人生意志砥砺理想信念

广大青年要把理想信念付诸实践，在历练中磨炼人生意志，并反复砥砺理想信念。

“宝剑锋从磨砺出，梅花香自苦寒来。”习近平总书记在同各界优秀青年代表座谈时指出：“人类的美好理想，都不可能唾手可得，都离不开筚路蓝缕、手胼足胝的艰苦奋斗。”

列宁曾言：“无论是脱离生产劳动的教学和教育，或是没有同时进行教学和教育的生产劳动，都不能达到现代技术水平和科学知识现状所要求的高度。”即强调教育与社会生产实践必须相结合，做到学用一致。明代大思想家王阳明在回答门人弟子的困惑时，也曾深刻地指出：“人须在事上磨炼做功夫乃有益。若只好静，遇事便乱，终无长进。那静时功夫亦差似收敛，而实放溺也。”人的精神意志力不是凭空产生的，必须通过具体丰富的社会生产实践，处处在事上磨炼，砥砺前行。《习近平的七年知青岁月》备受干部群众欢迎，该书生动再现了习近平总书记在梁家河长达7年知青岁月的真实细节与艰苦生活。所谓天降大任，必先“苦其心志，劳其筋骨，饿其体肤，空乏其身，行拂乱其所为”，习近平总书记这7年的精神意志历练过程，让人深受感动、备受教育，这为当代青年树立理想、坚定信念、从小立志成才提供了生动案例与模范榜样。

邓小平同志对青年寄予厚望，曾语重心长地说：“社会主义革命是一场最深刻的、最尖锐复杂的斗争。这里充满着革命和反革命的斗争，进步和落后的斗争，新和旧的斗争。这个斗争要求青年成为是非分明和意志坚强的人。”广大青年必须锤炼百折不挠的意志品质，培养奋勇争先的刚健精神，造就越挫越勇的心理素质，保持乐观向上的人生态度。同时，要保持初生牛犊不怕虎的青春斗志，敢于吃苦，勇于碰硬，甘于奉献，从无到有，从小到大，攻坚克难，淬炼坚强革命意志，努力在伟大的社会主义建设事业中开辟新天地，造就新业绩。正如习近平总书记在中国政法大学考察时所说的，青年在成长和奋斗中，会收获成功和喜悦，也会面临困难和压力。要正确对待一时的成败得失，处优而不养尊，受挫而不短志，使顺境逆境都成为人生的财富而不是人生的包袱。广大青年人人都是一块玉，要时常用真善美来雕琢自己，不断培养高洁的操行和纯朴的情感，努力使自己成为高尚的人。

一百多年来，中华民族之所以能够实现从站起来、富起来到强起来的一次又一次的历史性飞跃，从国家的积贫积弱一步一步地走到今天的发展繁荣，靠的就是一代又一代人的顽强拼搏，靠的就是中华民族脚踏实地、自强不息的奋斗精神。习近平总书记在同各界优秀青年代表座谈时强调：“广大青年要牢记‘空谈误国、实干兴邦’，立足本职、埋头苦干，从自身做起，从点滴做起，用勤劳的双手、一流的业绩成就属于自己的人生精彩。”因此，广大青年要有逢山开路、遇河架桥的顽强斗争意志，百折不挠、勇往直前，用无愧于青春的坚强意志力成就属于自己的精彩人生。

……

【经典导读二】

屠呦呦：一生倾情青蒿素[①]

屠呦呦，抗疟药青蒿素和双氢青蒿素的发现者，中国中医科学院终身研究员兼首席研究员、青蒿素研究中心主任。1930 年 12 月 30 日出生于浙江省宁波市，其名“呦呦”源自《诗经》中的诗句“呦呦鹿鸣，食野之蒿”。1951 年，考入北京大学医学院药学系生药专业；1955 年毕业后到卫生部中医研究院（中国中医科学院前身）中药研究所工作至今。

2011 年荣获拉斯克奖临床医学奖，2015 年荣获诺贝尔生理或医学奖，2016 年荣获国家科技最高奖。在 2000 年至今获此奖 27 位国家科技最高奖得主中，她“婉拒”了多家媒体的采访。

好在，从她同事的讲述中，我们也能“窥见”其人其事、其心其志。

一、临危受命

把两个女儿安置好，屠呦呦全身心投入一项秘密任务。

1969 年 1 月底，39 岁的卫生部中医研究院实习研究员屠呦呦，忽然接到一项秘密任务：以课题组组长的身份，研发抗疟疾的中草药。

疟疾，中国民间俗称“打摆子”，是由疟原虫侵入人体后引发的一种恶性疾病，已经在全球肆虐了几千年，患者得病后高烧不退、浑身发抖，重者几天内就会死亡。19 世纪，法国化学家从金鸡纳树皮中分离出有效的抗疟成分奎宁；二战期间，科学家又发明了奎宁衍生物——氯喹，并成为治疗疟疾的特效药。但到 20 世纪 60 年代，疟原虫对氯喹产生了耐药性，疟疾再次在东南亚爆发。在越南战争中，疟疾成为比子弹、炸弹更可怕的敌人，严重影响了美越双方的部队战斗力。美国为此专门成立了疟疾委员会，投入大量人力物力研究新型的抗疟药物。到 1972 年，美国筛选了 21.4 万种化合物，但都无果而终。

应越南的请求，在毛泽东、周恩来的指示下，中国军方从 1964 年起开始抗疟药研究。1967 年 5 月 23 日，国家科委和解放军总后勤部在北京召开“抗疟防治药物研究工作协作会议”，代号为“523”项目的大规模药物筛选、研究在全国 7 省市展开。截至 1968 年，参研机构筛选了万余种化合物和中草药，均未取得理想结果。在这种情况下，1969 年 1 月 21 日，中医研究院受命加入“523”项目。大学时学生药学、毕业后又脱产学习过两年中医、科研功力扎实的屠呦呦，遂被委以重任。

“屠呦呦的责任感很强，她认为既然国家把任务交给她，就要努力工作，一定要把这个事情做好。”据屠呦呦的同事、中药所廖福龙研究员介绍，由于丈夫李廷钊被下放到“五七干校”、两个孩子无人照看，她就把 4 岁的大女儿送到托儿所全托班，小女儿送回宁波老家由老人照顾，自己则全身心投入抗疟中草药的研发。

---

① 赵永新：《屠呦呦：一生倾情青蒿素》，http://scitech.people.com.cn/n1/2017/0109/c1007－29008491.html。

二、历经波折

最初，课题组只有屠呦呦一个人。阅读大量历代中医典籍、查阅群众献方、请教老中医专家……她用3个月时间，收集了包括植物、动物、矿物药在内的2000多个方药，并在此基础上编辑成包含640个方药在内的《疟疾单秘验方集》，送交“523”办公室。

此后，屠呦呦以常山、胡椒、青蒿等为主要对象，进行重点研究。截至1971年9月初，她和同事对包括青蒿在内的100多种中药水煎煮提物和200余个乙醇提物样品进行了各种实验，但结果都令人沮丧：对疟原虫抑制率最高的只有40%左右。

“重新埋下头去，看医书！”脾气倔强的屠呦呦又开始用心阅读中医典籍，从中寻找灵感。一天，她在阅读东晋葛洪《肘后备急方》时，被其中的一段话“醍醐灌顶”：青蒿一握，以水二升渍，绞取汁，尽服之。

屠呦呦意识到：温度是提取抗疟中草药有效成分的关键！经过周密思考，屠呦呦重新设计了新的提取方案，从1971年9月起对既往筛选过的重点药物及几十种后补药物，夜以继日地进行实验，结果证明：青蒿乙醚提取物去掉其酸性部分，剩下的中性部分抗疟效果最好！

10月4日，在历经数百次的失败后，“幸福终于来敲门”：实验证实，191号青蒿乙醚中性提取物对鼠疟原虫的抑制率达到100%！

三、以身试药

“获得有效样品只是第一步，要应用还必须先进行临床试验，这就需要大量的青蒿乙醚提取物。”姜廷良回忆，当时找不到能配合的药厂，课题组只好“土法上马”：用7口老百姓用的水缸作为实验室的常规提取容器，里面装满乙醚，把青蒿浸泡在里面提取试验样品。

“乙醚等有机溶媒是有害的化学品，当时实验室和楼道里都弥漫着刺鼻的乙醚味道。”姜廷良说，当时设备设施简陋，又没有排风系统，更没有防护用品，大家顶多带个纱布口罩。

在这样的环境中日复一日的工作，科研人员除了头晕眼胀，还出现鼻子流血、皮肤过敏等症状，但没有一个人叫苦叫累。

这还不算。临床前试验时，个别动物的病理切片中发现了疑似毒副作用。到底是动物本身存在问题，还是药物所致？搞毒理、药理实验的同事坚持：只有进行后续动物试验、确保安全后才能上临床。

为不错过当年的临床观察季节，屠呦呦向领导提交了志愿试药报告，并郑重提出：“我是组长，我有责任第一个试药！”

1972年7月，屠呦呦等3名科研人员一起住进北京东直门医院，成为首批人体试验的志愿者。经过一周的试药观察，未发现该提取物对人体有明显毒副作用。

当年8—10月，屠呦呦亲自带上样品，赶赴海南昌江疟疾高发区，顶着烈日跋山涉水，在病人身上试验，完成了21例临床抗疟疗效观察，效果令人满意。

此后，课题组再接再厉：在1972年11月获得有效的青蒿素晶体，1973年上半年完成了系列安全性试验，当年秋天用青蒿素胶囊在海南进行了首次临床试用；与中科院生物物理所、上海有机所等单位合作，在1975年底测定了青蒿素的化学结构。结果表明，青蒿素是一种不含氮的结构完全不同于氯喹的全新药物！

1977年，经卫生部同意，研究论文以“青蒿素结构研究协作组”的名义，在《科学通报》上发表，首次向全球报告了青蒿素这一重大原创成果。1986年10月，青蒿素获得卫生部颁发的《新药证书》。

不仅于此。1973年9月，屠呦呦课题组还首次发现了疗效更好的青蒿素衍生物——双氢青蒿素。1992年，她历时多年主持研发的青蒿素类新药——双氢青蒿素片获得《新药证书》，并转让投产。该研发项目当年被评为全国十大科技成就，是屠呦呦对中国乃至世界做出的又一重要贡献。

四、国际大奖找上门

2000年以来，世界卫生组织把青蒿素类药物作为首选抗疟药物，在全球推广。“2005年，全球青蒿素类药物采购量达到1100万人份，2014年为3.37亿人份。”姜廷良介绍说，世界卫生组织《疟疾实况报道》显示，2000年至2015年期间，全球各年龄组危险人群中疟疾死亡率下降了60%，5岁以下儿童死亡率下降了65%。“青蒿素类药物作为治疗疟疾的主导药物，发挥了相当大的作用。”

青蒿素在国际上被誉为“东方神药”，名副其实。

实至名归的，还有屠呦呦荣获的两个国际大奖：2011年拉斯克临床医学奖和2015年诺贝尔生理或医学奖。这两项大奖，均为中国本土科学家的“零突破”。

“在人类的药物史上，如此一项能缓解数亿人疼痛和压力、并挽救上百个国家数百万人生命的发现的机会并不常有”——拉斯克奖评委、斯坦福大学教授露西·夏皮罗这样评价青蒿素的发现；“屠呦呦是第一个证实青蒿素可以在动物体内和人体内有效抵抗疟疾的科学家。她的研发对人类的生命健康贡献突出，为科研人员打开了一扇崭新的窗户”——诺贝尔生理学或医学奖评委让安德森如此评价屠呦呦的贡献。

对于这两个全球瞩目的国际大奖，屠呦呦本人如何看待？

对于拉斯克奖，她说：这是中医中药走向世界的一项荣誉。它属于科研团队中的每一个人，属于中国科学家群体。对于诺奖，她说：这不仅是授予我个人的荣誉，也是对全体中国科学家团队的嘉奖和鼓励。

“当我在台下听到这句话时，特别感动！”陪同屠呦呦到斯德哥尔摩领奖的中国中医科学院院长张伯礼回忆说，“虽然青蒿素是特殊时期团队协作的结果，但屠呦呦的贡献是非常关键的发现。在过去很长一段时期，我们强调集体，忽视了对科学家首创贡献的认可。”

“其实这两个大奖都是主动找上门来的。”廖福龙告诉记者，“对于名利她真的是非常淡泊，只要自己的研究得到认可，她就很满足。对于国际奖项，她更看重的是‘为国争光’。”

“‘不要推荐我！’”国家中医药管理局科技司司长曹洪欣向记者说了一件事：“2009年中医科学院推荐屠呦呦参评第三届唐氏中药发展奖，她听说后直接打电话给我表示拒绝：我这么大岁数了给我干吗？”

屠呦呦获得的诺奖奖金为46万美元，折合成人民币是300多万元。据张伯礼介绍，其中200万元分别捐给了北京大学医学部和中医科学院，成立了屠呦呦创新基金，用于

奖励年轻科研人员。

五、本色不改

“屠呦呦性格的执着、对工作的执着，谁也改变不了。”曹洪欣笑着说，“我曾多次陪有关领导给她拜年，领导都会问她生活上有没有困难，她从来没提过什么困难，但一说到青蒿素，她眼睛就发亮。”

“工作就是她的爱好，或者说她的工作跟生活是一体的。”1995年加入屠呦呦团队的杨岚研究员告诉记者，“我觉得她整天想的就是青蒿素，怎么把它继续做下去、让它的作用发挥到极致。”

荣获国际大奖后，屠呦呦的生活发生了哪些改变？“据我了解，没有什么改变。”廖福龙说，“如果说有改变，就是家里的电话多了，她有点不适应。包括媒体采访，她基本谢绝，希望不要打扰她的生活、能安安静静地做自己的事。”

“不光是采访，包括各种公开活动，她也极少参加。”张伯礼补充道，“她多次跟我说：就到这吧，我不习惯这种场合上的事，咱们还是加紧青蒿素研究吧。”

第三模块　实践拓展

【项目一】延伸阅读

1. 毛泽东：《青年运动的方向》，载毛泽东著《毛泽东选集（第2卷）》，北京：人民出版社，1991年版。

2. 胡锦涛：《在纪念中国共产党青年团成立90周年大会上的讲话》，北京：人民出版社，2012年版。

3. 中央党校采访实录编辑室：《习近平的七年知青岁月》，北京：中共中央党校出版社，2017年版。

4. 本书编写组：《习近平与大学生朋友们》，北京：中国青年出版社，2020年版。

5. 杨沫：《青春之歌》，北京：人民文学出版社，2009年版。

6. 陈先达：《马克思主义信仰十讲》，北京：人民出版社，2018年版。

【项目二】影视推荐

1.《领风者》，中央马克思主义理论研究和建设工程办公室和内蒙古自治区党委宣传部策划，肖志朝执导，2019年在哔哩哔哩首播。

本剧是为了纪念马克思诞辰200周年推出的一部网络动画，用生动鲜活的语言、跌宕起伏的情节、帅气俊朗的人物、大气唯美的画风、燃爆青春的主题歌，讲述了“千年思想家”马克思一生的传奇故事。

2.《恰同学少年》，龚若飞执导，2007年在中央电视台一套播出。

年轻的毛泽东，“书生意气，挥斥方遒。指点江山，激扬文字”，既有“问苍茫大地，谁主沉浮”的仰天长问，又有“到中流击水，浪遏飞舟”的浩然壮气。本剧以毛泽东在湖南第一师范的求学生活为线索，充分展示了以毛泽东、蔡和森、杨开慧、陶斯咏等为代表的优秀青年为寻求理想而奋发向上的斗志，敢以天下为己任的抱负与情怀，改造中国与世界的雄心壮志，有利于激发大学生为理想而读书的热情，为家国富强、人民幸福而发愤图强的志向。

3. 《我们的法兰西岁月》，康洪雷执导，2012 年在中央电视台一套播出。

本剧以 20 世纪初留法勤工俭学运动为背景，讲述了青年时期的周恩来、邓小平、赵世炎、蔡和森等社会主义革命先驱在法国艰辛寻求救国之路并最终走上共产主义革命道路的故事。在这批先进的知识分子和热血青年身上，我们可以清楚看到他们坚定地把救国救民作为自己的理想追求，并为此付出的努力和行动。

【项目三】课后思考

请同学们自由组成小组，结合本章所学内容，从下列题目（也可以围绕理想信念自拟题目）中任选一个进行深入的研究性学习，搜集相关文献、案例，展开讨论，最后每个同学上交一份 1000～3000 字的报告。

1. “以青春之我，创建青春之家庭，青春之国家，青春之民族。”这是李大钊对青年人的勉励。你怎样去践行自己的青春誓言呢?

2. 如果说社会是大海，个人是小舟，那么理想信念就是引航的灯塔和远航的风帆。请同学们谈一谈新时代如何将理想变为现实。

3. “理想很丰满，现实很骨感。”“我已经是一条咸鱼了，为什么还要翻身?”请谈谈你对这些网络话语的理解。

第四模块　自测练习

一、单项选择题

1. 理想信念是人的精神世界的核心，是人的精神世界的“钙”。理想因其远大而为理想，理想之所以能够成为一种推动人们创造美好生活的巨大力量，是因为它（　　）。

A. 是人类特有的精神现象　　B. 在实践中产生，在实践中发展

C. 带着特定历史时代的烙印　　D. 不仅源于现实，而且高于现实

2. 理想作为一种精神现象，是人类社会实践的产物。理想源于现实，又超越现实，在现实中有多种类型。其中，从层次上划分，理想有（　　）。（2011 年全国硕士研究生入学考试政治真题）

A. 个人理想和社会理想

B. 道德理想和政治理想

C. 生活理想和职业理想

D. 崇高理想和一般理想

3. 理想作为一种精神现象，是人类社会实践的产物。理想源于现实，又超越现实，在现实中有多种类型。其中，从主体上划分，理想有（　　）。

A. 个人理想和社会理想

B. 近期理想和远期理想

C. 生活理想和职业理想

D. 崇高理想和一般理想

4. 人们在一定的认识基础上确立的、对某种思想或事物坚定不移并身体力行的精神状态是（　　）。

A. 信念　　B. 理想　　C. 意志　　D. 情感

5. 信念是人们追求理想目标的强大动力，决定事业的成败。信念有不同的层次和类型，其中（　　）。(2017 年全国硕士研究生入学考试政治真题)

A. 高层次的信念决定低层次的信念

B. 低层次的信念代表了一个人的基本信仰

C. 相同社会环境中生活的人们信念始终一致

D. 各种信念没有科学和非科学之分

6. 2018 年 5 月 4 日，习近平总书记在纪念马克思诞辰 200 周年大会上讲话指出："在马克思提出科学社会主义之前，空想社会主义者早已存在，他们怀着悲天悯人的情感，对理想社会有很多美好的设想，但由于没有揭示社会发展规律，没有找到实现理想的有效途径，因而也就难以真正对社会发展发生作用。"这句话主要强调的是马克思主义具有（　　）。

A. 科学性　　B. 实践性

C. 人民性　　D. 持久生命力

7. 在伦敦海格特公墓的马克思墓碑上，镌刻着马克思的一句名言："哲学家们只是用不同的方式解释世界，而问题在于改变世界。"这鲜明地表明了（　　）。

A. 马克思主义是科学真理

B. 马克思主义具有持久的生命力

C. 马克思主义重视实践，以改造世界为己任的基本特征

D. 哲学家对世界的解释没有落到实际行动中

8. 习近平总书记指出："马克思一再告诫人们，马克思主义理论不是教条，而是行动指南，必须随着实践的变化而发展。一部马克思主义发展史就是马克思、恩格斯以及他们的后继者们不断根据时代、实践、认识发展而发展的历史，是不断吸收人类历史上一切优秀思想文化成果丰富自己的历史。因此，马克思主义能够永葆其美妙之青春，不断探索时代发展提出的新课题、回应人类社会面临的新挑战。"这句话表明马克思主义具有（　　）。

A. 科学性　　B. 实践性

C. 人民性　　D. 持久生命力

9. 马克思说："历史活动是群众的活动。"这说明马克思主义最鲜明的品格是（　　）。

A. 科学性　　B. 实践性

C. 人民性　　D. 持久生命力

10. 新时代，中国大学生应该树立的共同理想是（　　）。

A. 马克思主义　　B. 共产主义

C. 中国特色社会主义　　D. 维护民族团结

11. 处于一定历史条件和社会关系中的个体对自己未来的物质生活、精神生活所产生的种种向往和追求是（　　）。

A. 人生目标　　B. 信念

C. 个人理想　　D. 社会理想

12. 理想和现实是一对矛盾，它们是对立统一的关系。二者的矛盾与冲突，属于（　　）。

A. 应然与实然的矛盾

B. 鱼与熊掌不可兼得的矛盾

C. 过程与结果的矛盾

D. 梦想与实际的矛盾

13. 从理想的角度看，“得其大者可以兼小”的含义主要指（　　）。

A. 理想应与现实结合

B. 在实践中实现理想

C. 应把人生理想融入国家、民族的事业中

D. 理想要与自身实际结合

14. 理想与现实是对立统一的。在日常生活中，人们在处理理想与现实的关系时，往往只看到二者对立的一面，看不到二者统一的一面。一种认识偏向是用理想来否定现实，另一种认识偏向是用现实来否定理想。之所以会出现这些认识误区，从思想方法上讲，是由于（　　）。

A. 没有认识到实现理想的长期性、艰巨性和曲折性

B. 不能辩证地看待和处理理想和现实的矛盾

C. 不能认识到艰苦奋斗是实现理想的重要条件

D. 没有认识到理想的实现是一个过程

15. 下面表现了中国古人对理想的不懈追求的是（　　）。

A. 不义而富且贵，于我如浮云

B. 为天地立心，为生民立命，为往圣继绝学，为万世开太平

C. 见贤思齐焉，见不贤而内自省也

D. 自天子以至于庶人，壹是皆以修生为本

16. 习近平总书记在纪念五四运动100周年大会上的讲话中指出：“青年的人生目标会有不同，职业选择也有差异，但只有把自己的小我融入祖国的大我、人民的大我之中，与时代同步伐、与人民共命运，才能更好实现人生价值、升华人生境界。离开了祖国需要、人民利益，任何孤芳自赏都会陷入越走越窄的狭小天地。”这说明（　　）。

A. 社会理想以个人理想为指引

B. 个人理想主要由个人主观愿意决定

C. 个人理想的实现，以社会理想的实现为前提和基础

D. 在整个理想体系中，个人理想是最根本、最重要的

17. 个人理想是指处于一定历史条件和社会关系中的个体对于自己未来的物质生活、精神生活所产生的种种向往和追求。社会理想是指社会集体乃至社会全体成员的共同理想，既在全社会占主导地位的共同奋斗目标。个人理想和社会理想的关系实质上是（　　）。

A. 个人与社会关系在理想层面的反映

B. 共同理想与远大理想的关系

C. 个人利益和社会利益的关系

D. 理想与现实的关系

18. 1993年，南仁东在日本参加国际无线电科学联盟大会时，便产生了建造新一代射电望远镜的想法。然而，对于20世纪90年代初最大射电望远镜口径还不到30米的中国来讲，这个梦想大胆得近乎疯狂。尽管如此，从1994年开始，南仁东开始了12年的500米口径球面射电望远镜（FAST）项目选址工作。从立项到落成，前后又经历了9年。为了解决超过国家标准2.5倍以上的钢索疲劳强度问题，南仁东带领团队历时700多天，经历近百次失败，化解了工程建设“致命”的威胁。2017年9月15日，南仁东因病去世，享年72岁。24载，8000多个日夜，为了追求梦想，FAST总工程师南仁东心无旁骛，在世界天文史上镌刻下新的高度。南仁东追求理想的事例告诉我们（　　）。

A. 立志当高远　　B. 立志需躬行

C. 立志要实际　　D. 立志应乐观

19. 立志当高远、立志做大事、立志需躬行。大量事实告诉我们，那些在事业上取得伟大成就、对人类做出卓越贡献的人，都是在青年时期就立下了鸿鹄之志，并为之坚持不懈、努力奋斗。以下与此含义一致的是（　　）。

A. 夙夜在公　　B. 己所不欲，勿施于人

C. 己欲立而立人，己欲达而达人　　D. 功崇惟志，业广惟勤

20. 从理想与现实关系的认识上看，人们陷入拜金主义、享乐主义和极端个人主义的原因在于（　　）。

A. 将理想高于一切　　B. 用理想来否定现实

C. 用现实来否定理想　　D. 对社会现实全然否定

21. 每一代人有每一代人的理想，每一代人有每一代人的使命。习近平总书记曾在致全国青联十二届全委会和全国学联二十六大的贺信中强调：“‘士不可以不弘毅，任重而道远。’国家的前途、民族的命运、人民的幸福，是当代中国青年必须和必将承担的重任……一代青年有一代青年的历史际遇……同人民一起梦想，青春才能无悔。”从以上这段论述来看，理想具有（　　）。

A. 实践性　　B. 超越性　　C. 时代性　　D. 现实性

22. 两个住在茅屋里的孩子一起畅想当上皇帝后的感受。一个说：“我若当上皇帝，一定找两个仆人，一个帮我喂猪，一个替我打草。”另一个说：“我若当上皇帝，一定准

备两个大罐子，一个装白糖，一个装红糖，想吃啥有啥。”这则故事表明，理想具有（　　）。

A. 实践性　　B. 超越性　　C. 时代性　　D. 现实性

23. “现实是此岸，理想是彼岸。中间隔着湍急的河流，行动则是架在河流上的桥梁。”这句话形象地说明了（　　）。

A. 理想与现实的差距

B. 理想就是现实

C. 现实永远不可能成为理想

D. 理想的实现必须落实到实践行动上

24. “合抱之木，生于毫末；九层之台，起于累土；千里之行，始于足下。”这句话体现的是（　　）。

A. 立志当高远　　B. 立志做大事

C. 立志需躬行　　D. 立志需实际

25. 当前我国的基本国情是，我国正处于并将长期处于社会主义初级阶段，为建设中国特色社会主义而奋斗。中国特色社会主义共同理想与共产主义远大理想之间的关系是（　　）。

A. 个人理想与社会理想的关系

B. 生活理想和道德理想的关系

C. 阶段理想和最高理想的关系

D. 现实理想与空想的关系

26. 理想指引人生方向，信念决定事业成败。但在很多情况下，理想亦是信念，信念亦是理想。因此，人们常常将理想与信念合称为理想信念。当理想作为信念时，它是指（　　）。

A. 理想特有的一旦形成就不会轻易改变的稳定性

B. 与奋斗目标相联系的一种向往和追求

C. 信念所特有的实现可能性和预见性

D. 人们确信的一种观点和主张

27. 袁隆平为了杂交水稻事业，几十年如一日，矢志不移，历经上千次的实验失败，终于用丰硕成果为中国 14 亿人吃饱饭创造了条件。历经上千次的实验失败对我们争取认识理想及实现理想的启示是（　　）。

A. 远大的理想是指引人生前进的动力

B. 理想不仅具有现实性而且具有预见性

C. 理想的实现是一个长期的、艰巨的、曲折的过程

D. 坚定信念是实现理想的重要条件

28. 共产主义是无比艰巨的长期性事业，需要经过长期的奋斗，需要具有百折不挠、英勇献身的精神。广大党员要充分认识社会主义的强大生命力和巨大优越性，对社会主义前途充满信心；要坚定不移走中国特色社会主义道路，矢志不渝地为实现党在社会主义初级阶段的基本路线、基本纲领而奋斗，为共产主义奋斗！这段话充分表明（　　）。

A. 追求共产主义远大理想与坚定中国特色社会主义共同理想是统一的

B. 只要我们坚定信念，共产主义就一定能实现

C. 我们的路线方针政策要按照共产主义理想的要求进行调整

D. 中国特色社会主义就是共产主义

29. 李大钊曾经说过："人类的生活，必须时时刻刻拿出最大的努力，向最高的理想扩展传衍，流转无穷……别开一种新局面。"这句话说明，实现理想的根本途径是（　　）。

A. 与时俱进、知行合一　　B. 守株待兔、抓住机遇

C. 勇于实践、艰苦奋斗　　D. 解放思想、实事求是

30. 理想很丰满，现实很骨感。在追求理想的过程中，人们常常会感受到理想与现实之间的矛盾。那么，实现理想的重要条件是（　　）。

A. 艰苦奋斗　　B. 脚踏实地

C. 树立正确的人生观　　D. 正确看待理想与现实的关系

二、多项选择题

1. 理想是人们的世界观、人生观和价值观在奋斗目标上的集中体现。以下关于理想的说法，正确的是（　　）。

A. 理想源于现实，又超越现实

B. 理想的实现离不开实践

C. 理想受时代条件的制约

D. 理想是个体的追求，具有主动性

2. 理想是人们在实践中形成的、有实现可能性的、对未来社会和自身发展目标的向往和追求，是人们的世界观、人生观和价值观在奋斗目标上的集中体现。理想的特征有（　　）。

A. 超越性　　B. 实践性　　C. 时代性　　D. 主动性

3. 理想是多方面和多类型的。根据不同的标准，可以把理想划分为不同的类型。下面属于以内容为划分标准的是（　　）。

A. 个人理想和社会理想

B. 近期理想和远期理想

C. 政治理想和道德理想

D. 职业理想和生活理想

4. 信念是人们在一定的认识基础上确立的对某种思想或事物坚信不疑并身体力行的精神状态，其特征有（　　）。

A. 多样性　　B. 执着性　　C. 超越性　　D. 发展性

5. 下面关于信念的说法，正确的有（　　）。

A. 信念是认识、情感和意志的有机统一体

B. 信念具有不同的层次和类型

C. 信念是最高层次的信仰

D. 信念一旦形成就不会轻易改变

6. 理想与信念（　　）。

A. 都是一种精神现象

B. 都是人生发展的内在动力

C. 相互依存，难以分割

D. 反映的是对社会和人自身发展的期望

7. 在人生的历程中，理想与信念的关系是（　　）。

A. 理想是信念所指向的对象

B. 信念是理想实现的保障

C. 离开理想，信念无从产生

D. 离开信念，理想寸步难行

8. 习近平总书记讲过："理想信念就是共产党人精神上的'钙'，没有理想信念，理想信念不坚定，精神上就会'缺钙'，就会得'软骨病'。"这句话表明（　　）。

A. 理想信念昭示奋斗目标

B. 理想信念提供前进动力

C. 理想信念提高精神境界

D. 理想信念是精神现象，是人们的主观意志

9. 恩格斯指出："马克思的整个世界观不是教义，而是方法。它提供的不是现成的教条，而是进一步研究的出发点和供这种研究使用的方法。"列宁曾说："它把伟大的认识工具给了人类，特别是给了工人阶级。"这一认识工具就是辩证唯物主义和历史唯物主义。通过这一认识工具，我们才能深刻认识世界的本质、理解人与外部世界的关系、洞察人类社会发展规律、把握历史发展大势。这说明（　　）。

A. 马克思主义是实践的理论，指引着人民改造世界的行动

B. 马克思主义是人民的理论，第一次创立了人民实现自身解放的思想体系

C. 马克思主义是科学的理论，创造性地揭示了人类社会发展的规律

D. 马克思主义是科学的理论，具有持久的生命力

10. 2017 年 10 月 31 日，党的十九大闭幕仅一周，习近平总书记带领十九届中共中央政治局常委专程从北京前往上海和浙江嘉兴，瞻仰上海中共一大会址和浙江嘉兴南湖红船。在瞻仰中共一大代表群像浮雕时，习近平总书记对着浮雕一一列数中共一大 13 名代表的姓名，感叹英雄辈出，也感叹大浪淘沙。这充分说明个人坚守理想信念力量的强弱决定着人生命运的方向。理想信念的作用和意义在于（　　）。

A. 昭示人生奋斗目标　　B. 提供人生前进动力

C. 规划人生具体行程　　D. 提高人生精神境界

11. "人类的美好理想，都不可能唾手可得，都离不开筚路蓝缕、手胼足胝的艰苦奋斗。"这充分说明（　　）。

A. 理想的实现具有长期性、艰巨性和曲折性

B. 艰苦奋斗是实现理想的重要条件

C. 理想很丰满，现实很骨感

D. 理想必须通过实践才能转变为现实

12. 在追求理想的过程中，人们常常会感受到理想与现实之间的矛盾。因此，正确认识理想与现实的关系，是追求理想的过程中必须解决的问题。理想与现实的关系是（　　）。

A. 现实受理想的制约和规定

B. 现实与理想是对立统一的整体

C. 现实中包含着理想的因素，理想中也包含着现实的成分

D. 在一定条件下，理想可以转化为未来的现实

13. 回首近百年前，中国民主革命的先行者孙中山先生曾激励广大青年：要立志做大事，不要立志做大官。其中的道理就是希望青年以国家民族的命运为己任，而不要以个人的荣华富贵为人生的理想。因此，个人理想与社会理想的关系是（　　）。

A. 个人理想以社会理想为指引

B. 社会理想是对个人理想的凝练与升华

C. 社会理想的实现以个人理想的实现为前提和基础

D. 个人理想从属于社会理想

14. 以下对于个人理想和社会理想，理解正确的是（　　）。

A. 两者的关系实质上是个人与社会关系在理想层面上的反映

B. 社会理想的实现，必须以个人理想的实现为前提和基础

C. 个人理想从根本上说它是由正确的社会理想规定的

D. 在整个理想体系中，社会理想是最根本、最重要的

15. 个人理想与社会理想相互联系、相互影响、相互制约。对我们大学生而言，成长成才的必由之路是（　　）。

A. 把个人理想融入社会理想之中

B. 坚持个人奋斗目标与国家、民族的奋斗目标相统一

C. 在为实现社会理想而奋斗的过程中实现个人理想

D. 勇于追求个人理想

16. 2018 年 3 月 1 日，习近平总书记在纪念周恩来同志诞辰 120 周年座谈会上的讲话中深切缅怀了周恩来为党、人民、国家和人民军队建立的卓著功勋，并指出青少年时期的周恩来，面对国家危难和人民困苦，决心为“中华之崛起而读书”，誓言“险夷不变应尝胆，道义争担敢息肩”，立下“面壁十年图破壁”的远大志向。周恩来光辉的一生启示我们（　　）。

A. 立志当高远

B. 立志做大事

C. 青年时期是理想信念形成的重要时期，也是立志的关键阶段

D. 青年要以国家民族的命运为己任

17. 习近平总书记强调：“对马克思主义的信仰，对社会主义和共产主义的信念，是共产党人的政治灵魂，是共产党人经受住各种考验的精神支柱。”我们之所以要信仰马克思主义，是因为马克思主义（　　）。

A. 深刻揭示了自然界、人类社会、人类思维发展的普遍规律

B. 具有与时俱进的理论品格和持久生命力

C. 是党和人民不断奋进的万里长河之泉源

D. 不仅致力于科学解释世界，而且致力于积极改变世界

18. 大学生要牢固确立在中国共产党领导下走中国特色社会主义道路、为实现中华民族伟大复兴而奋斗的意识。关于中国特色社会主义，下面理解正确的有（　　）。

A. 中国特色社会主义就是科学社会主义

B. 中国特色社会主义是党和人民取得的根本成就

C. 中国特色社会主义是实现中国梦的正确道路

D. 中国特色社会主义是改革开放以来党的全部理论和实践主题

19. 习近平总书记曾指出："共产主义决不是'土豆烧牛肉'那么简单，不可能唾手可得、一蹴而就，但我们不能因为实现共产主义理想是一个漫长的过程，就认为那是虚无缥缈的海市蜃楼，就不去做一个忠诚的共产党员。革命理想高于天，实现共产主义是我们共产党人的最高理想，而这个最高理想是需要一代又一代人接力奋斗的。如果大家都觉得这是看不见摸不着的东西，没有必要为之奋斗和牺牲，那共产主义就真的永远实现不了了。我们现在坚持和发展中国特色社会主义，就是向着最高理想所进行的实实在在努力。"这说明（　　）。

A. 共产主义是现实的运动

B. 共产主义是分阶段实现的

C. 共产主义是一种理想、一种学说、一种制度，更是一种实践

D. 共产主义是现实性和理想性的统一

20. 共产主义是人类最崇高的社会理想，寄托着人类关于美好未来的全部情愫和渴望。今天，我们理解共产主义，关键是要抓住共产主义社会是"以每个人的全面而自由的发展为基本原则的社会形式"这一本质。因此，看当代中国是不是以共产主义为最终发展目的，关键是看（　　）。

A. 每个人是不是比过去能够更自由、更全面地发展自己的才能

B. 是不是更少地受到物的奴役、资本的奴役

C. 是不是向着"全面自由发展"的方向挺进

D. 是不是坚持和发展中国特色社会主义

三、判断正误并陈述理由

1. 信念是最高层次的信仰。

2. 艰苦奋斗是老一辈的事，当代青年不需要艰苦奋斗。

3. 在整个理想体系中，个人理想是最根本、最重要的。社会理想的实现，必须以个人理想的实现为前提和基础。

4. 处于一定历史条件和社会关系中的个体对于自己未来的物质生活、精神生活所产生的种种向往和追求是社会理想。

5. “人类的美好理想，都不可能唾手可得，都离不开筚路蓝缕、手胼足胝的艰苦奋斗。”这充分说明想要实现理想是不容易的，充满了曲折性、长期性和艰巨性。

四、简答题

1. 简述理想的内涵与特征。

2. 简述信念的内涵与特征。

3. 简述个人理想与社会理想的关系。

4. 简述中国特色社会主义共同理想与共产主义远大理想的关系。

5. 简述理想与现实的关系。

五、论述题

1. 谈谈理想信念对大学生成长成才的重要意义。

2. 谈谈青年大学生如何为实现中国梦注入青春能量。

六、材料分析题

1. 结合材料回答问题。

鹦哥岭是海南省陆地面积最大的自然保护区，区内分布着完整的垂直带谱，在我国热带雨林生态系统保存上独占鳌头。这里山高路远，条件艰苦，一直难以招聘到具有较高专业素质的工作人员。

一、鹦哥岭来了大学生

自2007年起，先后有27名大学毕业生（2名博士、4名硕士、21名本科生）放弃大城市的优越生活，陆续从全国各地来到鹦哥岭保护区工作。山脚下一排破旧平房中的两间就是他们的家。“孩子们，这里的黎苗兄弟说是以种田为生，实际上就是种些橡胶，靠山吃山……你们来任务重啊！在关爱森林的同时，还要想法帮这里的百姓致富。”老站长的一席话，像重锤一样敲击着大家。“我们不会让鹦哥岭失望的。”大家不约而同地喊出声。

二、鹦哥岭有了“档案馆”

到底鹦哥岭有多少种动植物？这是摆在大学生们面前最直接的课题，也是鹦哥岭自然保护区要完成的首要工作。大学生们背着睡袋、锅碗瓢盆和监测仪上山了，他们聚精会神地做着记录，天黑了，架起锅，煮点米饭，和着辣酱吃；实在太困了，支起帐篷，钻进去睡一觉……经过4年多的艰辛努力，鹦哥岭自然保护区终于有了自己的“档案馆”，记录到维管束植物2197种、脊椎动物431种；记录到鹦哥岭树蛙等14种科学新种以及26个中国新记录种等。

三、鹦哥岭有了护林员

鹦哥岭周边有103个自然村，近2万村民。看到村民大片砍伐雨林种山芝、香蕉，作为环境保护者，大学生们痛心疾首。但习惯靠山吃山的当地老百姓说：“让我们放下砍刀、放下猎枪绝对不行!”大学生们克服阻力，用真诚和智慧动员招募了270名护林员，并与他们一起，用一个多月的时间走遍了209公里长的界线，埋下了近400根桩和50多块界碑，为鹦哥岭保护区筑起了一道看得见的保护网。

四、鹦哥岭有了农业示范田

鹦哥岭是海南的贫困山区，为帮助当地黎苗族百姓脱贫致富，大学生特地去外地取经，在鹦哥岭通过试点而大面积推广“稻鸭共育”的古法，带动当地人致富，农户们在

稻田骄傲地插上了“农业示范田”的牌子。接着大学生们又推广林下经济，在橡胶树下种菜、种瓜、养鸡；并帮助当地人建起了环保厕所，改造了猪圈，改善了居住环境……当地百姓手里有了钱，靠上山砍树卖钱的人越来越少。看到这一切，大学生们说：“我们感到由衷的幸福和快乐，也深切地感受到，这就是我们工作的意义和存在的价值。”

5 年过去了，27 名大学生一直坚守在鹦哥岭。他们甘于寂寞，乐于奉献；发现新物种，是敬业的科研工作者；引来环保理念，是先进理念的传播者；心系百姓喜忧，是黎苗族兄弟的贴心人！一份职业，背负三份责任。三个角色的完美融合，让我们看到了甘于寂寞的坚守力量和不甘于寂寞的奋斗精神，也让我们懂得了自己手中的笔、脚下的路、心中的秤要靠什么来指引。他们选择了一种有远见的生活方式。

每到毕业季，总有一些大学生发出“理想很丰满，现实很骨感”的感慨。究竟如何看待理想和现实的关系，鹦哥岭的大学生们用他们的实际行动给出最响亮的回答。

——摘编自魏月蘅、王晓樱等：《选择一种有远见的生活方式》《鹦哥岭青年团队感召无数青年》①

（2014 年全国硕士研究生入学考试政治真题）

（1）为什么说鹦哥岭的大学生选择了“一种有远见的生活方式”？

（2）怎样看待“理想很丰满，现实很骨感”这种说法？

① 魏月蘅、王晓樱：《选择一种有远见的生活方式》，《光明日报》2012 年 4 月 9 日；魏月蘅、王晓樱等：《鹦哥岭青年团队感召无数青年》，《光明日报》2013 年 6 月 8 日。

2. 结合材料回答问题。

材料 1

习近平总书记指出："理想信念就是共产党人精神上的'钙'，没有理想信念，理想信念不坚定，精神上就会'缺钙'，就会得'软骨病'"。这段论述，把人的生命元素"钙"引入政治生活领域，高度概括了坚定理想信念的重要意义，科学分析了信仰迷茫的严重危害，进一步强调了加强理想信念对于矢志不渝地为实现中国特色社会主义共同理想而奋斗的巨大作用。

一个共产党员、领导干部，如果不注意加强世界观改造，不能自觉坚持用马克思主义武装头脑、指导行动，忘记了党的根本宗旨，就会患精神上的"软骨病"。这种"软骨病"首先从动摇信仰、淡漠信念开始，不信马列信鬼神，把理想信念庸俗化；继之，忘记大目标，追求局部利益、个人利益，信奉金钱至上、名利至上、享乐至上；发展下去，在政治风浪考验面前，就会迷失方向；在金钱面前，就会挺不起胸膛；在美色面前，就会甘当"俘虏"。

一个人理想信念的坚定程度来源于对它的理解认识程度。认识越深刻，意志越坚定，行动越自觉。因此，必须不断加深对理想信念的科学内涵和重大作用的理解。必须经常加强理论武装，以"补钙"的坚决措施防止理想信念之"钙"缺失。必须强化党性锻炼，经受大是大非考验，以实际行动练就理想信念的"金刚不坏之身"。

只有这样加强修养，才能练就理想信念的"金刚不坏之身"；只有这样付诸行动，才能经受任何风浪的考验。

——摘自王相坤《理想信念是共产党人精神上的"钙"》①

材料 2

北京大学援鄂医疗队全体"90 后"党员：

来信收悉。在新冠肺炎疫情防控斗争中，你们青年人同在一线英勇奋战的广大疫情防控人员一道，不畏艰险、冲锋在前、舍生忘死，彰显了青春的蓬勃力量，交出了合格答卷。广大青年用行动证明，新时代的中国青年是好样的，是堪当大任的！我向你们、向奋斗在疫情防控各条战线上的广大青年，致以诚挚的问候！

青年一代有理想、有本领、有担当，国家就有前途，民族就有希望。希望你们努力在为人民服务中茁壮成长、在艰苦奋斗中砥砺意志品质、在实践中增长工作本领，继续在救死扶伤的岗位上拼搏奋战，带动广大青年不惧风雨、勇挑重担，让青春在党和人民最需要的地方绽放绚丽之花。

——习近平《给北京大学援鄂医疗队全体"90 后"党员的回信》②

材料 3

十年前，你问起学生最想从事的职业是什么，大多数人都会告诉你，他们想当"科

---

① 王相坤：《理想信念是共产党人精神上的"钙"》，http://theory.people.com.cn/n/2013/1205/c40537-23757123.html。

② 习近平：《给北京大学援鄂医疗队全体"90 后"党员的回信》，https://baijiahao.baidu.com/s?id=1661292014429877272&wfr=spider&for=pc。

学家”“老师”“警察叔叔”，等等。到了今天，新华网的职业意愿调查显示，超过一半的“95后”最向往的职业是主播和网红，参与调查的大部分是大学生。很多大学生认为：靠读书来改变命运，需要寒窗苦读二十余载，而当一个网红，似乎只需要你对着屏幕唱唱歌、聊聊天。

——摘编自搜狐网《当下大学生最想成为的职业：网红主播？》①

材料4

大家都有梦想，但是理想要高雅一点，要向前看，不要专门向钱看。现在有些年轻人有不太好的倾向，理想是赚大钱，当然可以赚钱，但要赚对社会、对老百姓有益的钱。袁隆平还表示，他“最担忧”的是“年轻人不搞农业”。

——摘自李思辉《从袁隆平的担忧说起》②

（1）怎样理解“理想信念就是共产党人精神上的‘钙’，没有理想信念，理想信念不坚定，精神上就会‘缺钙’，就会得‘软骨病’”？

（2）结合四段材料，从个人理想与社会理想的关系这个角度，谈谈青年人应该树立什么样的理想？

---

① 搜狐网：《当下大学生最想成为的职业：网红主播？》，https://m.sohu.com/a/257458796_695084/。

② 李思辉：《从袁隆平的担忧说起》，《光明日报》2019年10月18日。

3. 结合材料回答问题。

材料 1

克拉玛依，在维吾尔语里的意思是“黑油”。在新中国成立初期，来自祖国各地的青年石油人就在这片土地上扎根奋斗。中国石油大学（北京）克拉玛依校区今年首届四百多名本科毕业生，来自 16 个省份，近三分之一自愿选择去新疆基层工作。在写给习近平总书记的信中，同学们表达了扎根西部、建设边疆的决心。

机械设计制造及其自动化专业本科毕业生陈腾辉，大一暑假时参加了学校组织的社会实践团，深入塔里木油田生产一线，近距离体验了油田作业的艰辛，石油工人不惧艰险、奉献担当的精神深深影响了他的毕业选择。

在北京大学医学部 2020 届毕业生这场特殊毕业典礼上，同学们身着白衣，重温医学生誓言。博士毕业生姚甜甜就是其中的一员，目前她已经加入北京大学第一医院抗疫先锋队中，在感染科门诊参与核酸检测、在线解答新冠肺炎疫情困惑。

从雪域高原到戈壁沙漠，从扶贫一线到国之重器最前沿，广大高校毕业生以青春之我矢志奋斗，让青春之花绽放在祖国最需要的地方。23 岁的甘肃姑娘虎桃平大学一毕业就申请来到西藏条件最为艰苦的藏北。在海拔 4700 米的聂荣县，一年间，她走遍了县下辖九乡一镇 200 多个村庄，收集贫困户意愿、梳理扶贫产业项目，将青春书写在西藏高寒牧区。

——摘编自央视网《不畏艰难险阻 勇担时代使命——习近平总书记给中国石油大学（北京）克拉玛依校区毕业生的回信温暖激励广大高校毕业生以青春之我矢志奋斗》①

材料 2

习近平给中国石油大学（北京）克拉玛依校区毕业生的回信

中国石油大学（北京）克拉玛依校区的毕业生们：

你们好！来信收到了，得知你们 118 名同学毕业后将奔赴新疆基层工作，立志同各族群众一起奋斗，努力成为可堪大用、能担重任的西部建设者，我支持你们作出的这个人生选择。

这场抗击新冠肺炎疫情的严峻斗争，让你们这届高校毕业生经受了磨练、收获了成长，也使你们切身体会到了“志不求易者成，事不避难者进”的道理。前进的道路从不会一帆风顺，实现中华民族伟大复兴的中国梦需要一代一代青年矢志奋斗。同学们生逢其时、肩负重任。希望全国广大高校毕业生志存高远、脚踏实地，不畏艰难险阻，勇担时代使命，把个人的理想追求融入党和国家事业之中，为党、为祖国、为人民多作贡献。

各级党委、政府和社会各界要切实做好高校毕业生就业工作，采取有效措施，克服

① 央视网（新闻联播）：《不畏艰难险阻 勇担时代使命——习近平总书记给中国石油大学（北京）克拉玛依校区毕业生的回信温暖激励广大高校毕业生以青春之我矢志奋斗》，http://news.cctv.com/2020/07/09/ARTIwwJeu8GxScKGzjySlIP5200709.shtml。

新冠肺炎疫情带来的不利影响，千方百计帮助高校毕业生就业，热情支持高校毕业生在各自工作岗位上为党和人民建功立业。

——摘自习近平《给中国石油大学（北京）克拉玛依校区毕业生的回信》①

（1）“让青春之花绽放在祖国最需要的地方”体现了怎样的人生选择？

（2）如何“把个人的理想追求融入党和国家的事业之中”？

① 习近平：《给中国石油大学（北京）克拉玛依校区毕业生的回信》http://www.xinhuanet.com/politics/leaders/2020-07/08/c_1126211499.htm。

第三章　弘扬中国精神

第一模块　学习引导

实现中国梦必须弘扬中国精神。这就是以爱国主义为核心的民族精神，以改革创新为核心的时代精神。这种精神是凝心聚力的兴国之魂、强国之魄。爱国主义始终是把中华民族坚强团结在一起的精神纽带，改革创新始终是鞭策我们在改革开放中与时俱进的精神力量。青年大学生一定要弘扬伟大的民族精神和时代精神，不断增强团结一心的精神纽带、自强不息的精神动力，永远朝气蓬勃迈向未来。

一、学习目标

1. 理解并掌握中国精神的内涵及其重要性。
2. 深刻领会为什么实现中华民族伟大复兴的中国梦必须弘扬中国精神。
3. 理解并掌握爱国主义的基本内涵与新时代爱国主义的基本要求。
4. 深刻领会为什么改革创新是时代的要求。

二、知识结构

- 弘扬中国精神
  - 中国精神是兴国强国之魂
    - 重精神的优秀传统
    - 中国精神的基本内容
    - 实现中国梦必须弘扬中国精神
  - 爱国主义及其时代要求
    - 爱国主义基本内涵
    - 新时代的爱国主义
    - 做忠诚的爱国者
  - 改革创新助推青春远航
    - 创新创造是民族禀赋
    - 改革创新是时代要求
    - 做改革创新生力军

三、学习重难点

1. 中国精神是民族精神和时代精神的统一。
2. 实现中国梦必须弘扬中国精神。
3. 以爱国主义为核心的民族精神及其要求。

4. 以改革创新为核心的时代精神及其要求。

第二模块 经典导读

【经典导读一】

爱国是本分，报国是职责[①]

去新疆旅行，有两面写满人名的墙让人印象深刻。

一面在昭苏县昭苏镇吐格勒勤村的灯塔知青馆，名为“高原永远不会忘记你们”，密密麻麻而又整齐有序记录着近千个名字。20世纪60年代末，北京、上海、江苏、乌鲁木齐、伊宁等地知青分批进驻昭苏高原，与当地各族群众一起发展农牧业生产，为保卫边疆、建设边疆做出巨大贡献。“滚一身泥巴，炼一颗红心”，历史记住了他们。

一面在尼勒克县的乔尔玛烈士陵园，完整记载着为修建独库公路而牺牲的168名烈士。20世纪70年代，数万名筑路官兵为修建横跨天山的独库公路奋战10年，硬是在黄羊都难插脚的悬崖绝壁间开辟大路，在冰天雪地的达坂上凿通隧道，创造了我国公路建设史上的奇迹。168名筑路官兵献出宝贵生命，年龄最小的只有16岁。雪岭云杉，成为他们最美芳华的见证。

“为有牺牲多壮志，敢教日月换新天。”先辈们的付出与奉献，早已凝结为昭苏高原的水草丰美、独库公路的景色奇绝。灼灼年华，熠熠成就，无数青春之约，共同引向今天的幸福生活。我们所拥有的一切，无不凝聚着英烈们的巨大牺牲，浸透着前辈们的艰辛打拼。一代代人英雄般的壮举，正如灯塔一样，为后来的航行者照亮远方；又像极了穿越峰峦的天路，引领新的跋涉者直抵峰巅。碧血丹心的爱国之情、豪情干云的强国之志、舍我其谁的报国之行，在时代洪流中挺立起家国大义，为实现民族复兴聚合起永葆初心、奋斗前行的强大能量。

和平年代，战火硝烟早已远去。从“芯片上虽然没有印国旗，但芯片是有国籍的”，到“青春不只是眼前的潇洒，也有家国与边关”，爱国与奉献依然是无数中华儿女心中的守望。历史告诉我们，从来就没有一蹴而就的伟业，从来也没有风和日丽的通途；没有崇高品质的托举，我们一定难以抵达梦寐以求的美好生活。爱国主义精神，是安邦定国的宝贵财富。每一个伟大的民族，无不从爱国主义中寻找精神的给养。砥砺骨子里的爱国情愫、信仰之光、奋斗激情，我们必能以英风浩气引航民族复兴的关键一程。

爱国是本分，报国是职责。就在近日，8名“共和国勋章”建议人选、28名国家荣誉称号建议人选公示。于敏为氢弹研制隐姓埋名二十八载，张富清深藏功名为贫困山区

---

① 李斌：《爱国是本分，报国是职责》，http://opinion.people.com.cn/n1/2019/0905/c1003－31337118.html。

奉献一生，袁隆平数十年致力于杂交水稻技术的研究、应用与推广……为什么他们的追求并不功利？因为他们胸怀祖国、志在四方。为什么他们的选择并不艰难？因为他们心有大我、至诚报国。透过一位位模范人物，爱国的意蕴、职责的分量，不言自明。以他们为标杆，在国家坐标中明辨个体责任，在忠诚担当中展现个人作为，把见贤思齐、崇德向善的力量转化为谋富强、图复兴、聚福祉的生动实践，唤醒的必是深藏于民众之中的复兴伟力。

爱国是最高的品德，报国是最大的成功。一个人的事业格局，因为自觉与国家需要和民族命运相结合而倍显雄伟。一个时代的气质品格，因为千百万人以身许国、无私奉献而光芒万丈。为着祖国驰而不息奋斗，将书写无限精彩。

【经典导读二】

对话价值观（爱国篇）：以报国之行 明爱国之志

——访谈彭凯平、曹欣欣、“桔子树”①

彭凯平：清华大学社会科学学院院长、清华大学心理学系主任、国际积极心理联合会中国委员，曾任美国加州大学伯克利分校心理学及东亚研究终身教授。

曹欣欣：中国国家博物馆展览二部主任、学术委员会委员，中共党史学会理事，《复兴之路》基本陈列项目负责人。

“桔子树”：网名，“85 后”网络小说作家；2013 年国庆期间，其以描述国家成长为主题的散文——《今天是你的生日，我的祖国》引来热评。

爱国主义是动员和鼓舞全体人民团结奋斗的精神旗帜。年初，我国首次以立法形式，将 9 月 3 日确定为中国人民抗日战争胜利纪念日、12 月 13 日确定为南京大屠杀死难者国家公祭日；最近，又将 9 月 30 日设立为烈士纪念日。以国家的名义向烈士致敬，让牺牲的英烈永远受到后人缅怀和敬仰，是弘扬爱国主义精神，培育和践行社会主义核心价值观，增强中华民族凝聚力的重大举措。纪念烈士，不仅是一次共同追忆历史的过程，同时也是对先贤英烈精神遗产和气节血脉的继承。

自古以来，中国人就把爱国视作高尚的道德追求。在五千年历史演进中，中华民族形成以爱国主义为核心的团结统一、临难不屈的伟大民族精神。正是这种以国事为己任、自强不息的可贵精神，使中华民族历经劫难而不衰。

习近平总书记强调：国家好，民族好，大家才会好。国家强盛，个人的自由与幸福才有保证；国家贫弱，个人也难以独善其身。历史告诉我们，每一个人的前途命运都与国家和民族的前途命运紧密相连。社会主义核心价值观“24 字”中，作为公民层面的价值准则，爱国排在首位。

那么，在全面建设小康社会、奋力实现中华民族伟大复兴中国梦的当下，作为普通公众该用什么样的方式爱国？相比昔日，爱国的内涵与外延正在发生哪些变化？新时期

---

① 王昊男、曹玲娟：《对话价值观（爱国篇）：以报国之行 明爱国之志——访谈彭凯平、曹欣欣、“桔子树”》，http://theory.people.com.cn/n/2014/1020/c40531-25865587.html。

的爱国主义教育又该如何推进？请看本期对话——

一、爱国不是一个虚空的口号，爱国是一种朴素的社会本能，也是人的一种天性

记者：有人说，爱国这个词太高大上，距离我们的现实生活太远。您如何看待这个说法？普通老百姓该如何理解和实践爱国？

彭凯平：爱国是一种朴素的社会本能，也是人的一种天性。从心理学角度讲，爱国主义就是一种社会认同，包括认知、情感和行动三个方面。认识到自己民族的文化特点，知道不同文化之间的差异，这是爱国主义的认知成分。同时，爱国也是一种情感，喜欢和自己一样的人在一起，喜欢熟悉的事物和环境，这是人的一种情绪本能。此外，爱国还是一种行动，爱自己的同胞、自己的文化，这也是爱国主义的具体的心理体验。

对于普通老百姓来说，了解和热爱国家的传统文化、帮助和照顾有需要的同胞、同情弱势群体、维护社会的公平和正义等，这都是爱国主义的具体体现，也具有现实意义。

曹欣欣：我们每个人都有自己的祖国，都有祖国的基因。爱国不是一个抽象的“高大上”的口号，而是离我们很近、和每个人都有密切关系的情感。爱国不仅是一个公民起码的道德和义不容辞的责任，也是一种对祖国的最朴素、最真挚的情感。

中华民族是一个命运共同体，只有国家的繁荣昌盛，才有个人的全面发展。2012年11月，习近平总书记在参观国家博物馆《复兴之路》基本陈列时说：“国家好，民族好，大家才会好。”这也阐明了个人的命运和国家民族的命运是分不开的。回首近代以来，亡国灭种的危机、山河破碎的阴霾、“东亚病夫”的歧视……国家失去尊严，民族饱受屈辱，个人何敢言梦？从新中国“站起来”，到改革开放“富起来”，再到新世纪“强起来”，只有当国家强盛了，人民的幸福才有了坚实的依托，个人梦想才有了广阔的空间，“更好的教育”“更满意的收入”“更可靠的社会保障”正随着中国梦的推进而一步步变为现实。

这充分说明中华民族是一个命运共同体，只有国家的繁荣昌盛，才有个人的全面发展。而国家好，民族好，需要全体人民共同努力奋斗。因此，对于普通人而言，爱国不应该是一个虚空的口号，需要我们每一个人在各自岗位上努力工作，用实际行动把爱国之志变成报国之行。

“桔子树”：前些天，我观看仁川亚运会比赛，看到中国队赢了后就特别开心，有时看到中国选手反超甚至会激动地从床上跳起来。我觉着那一瞬间，其实就是一种对于祖国感情的自然流露。因为我是中国人，我才会为此而感到自豪。但爱国并不意味着放弃批判思维和独立思考、不能去反思这个国家和文明的短板和缺陷。什么是善意的批评，什么是恶意的嘲讽；什么是站在现实基础上的有价值的反思，什么是立在虚无之上的、“关公战秦琼”式的自贱自残……这些要分清楚。

在爱国的方式上，我认为没有必要一定要把爱国局限于普通人难以企及的层面上，普通人也有普通人的爱国方式。有人保家卫国，有人战死沙场，有人在特殊岗位上做出普通人难以想象的贡献，这是爱国；但对于普通人来说，假如这个人遵纪守法，是一个有道德的公民，不给身边人添堵，不给社会添麻烦，从某种角度看，这也是一种爱国行为。

二、爱国不是一种强行的情感，新时期的爱国是一种感性判断后的理性选择

记者：在新时期，爱国与过去相比，内涵与外延有哪些变化，又有哪些不变？在您的工作生活中，爱国是如何体现的？

彭凯平：新时期的爱国主义，应该是科学的爱国主义、理性的爱国主义、负责任的爱国主义。爱国主义是一个与时俱进的概念，但无论如何变化，它原始的心理基础还是一样的，就是爱自己的同胞、爱自己的文化、爱自己的国家。

在美国时，我虽然是名牌大学的教授，社会地位很高，但也时常会感觉到民族之间的不相容、不理解、不支持。这让我意识到中国人还是要回归自己的文化，为自己的民族文化的优势和特点而自豪。也正是文化的感召、社会的感召和学生的感召，让我觉得自己应该回国服务，把在国外学习和积累的经验带回祖国，为国家做点事情。

曹欣欣：爱国主义是一个历史范畴，内涵随着时代的前进和历史的进步而不断丰富发展。但无论怎样发展变化，国家富强、民族振兴、人民幸福，始终是爱国主义最为突出的价值指向，也是中华民族孜孜以求的奋斗目标。

习近平总书记在参观时肯定"《复兴之路》这个展览，回顾了中华民族的昨天，展示了中华民族的今天，宣示了中华民族的明天，给人以深刻教育和启示"。作为《复兴之路》基本陈列的项目负责人，近年来，我和项目组一起，从陈列大纲、内容设计方案到文物的鉴选和形式设计，数次修改并推出陈列。

经过大家共同努力，《复兴之路》凭借其主题鲜明、文物丰富、语言严谨、表现手段多样，在社会各界引起热烈反响，弘扬了以爱国主义为核心的民族精神和以改革开放为核心的时代精神，传播了正能量。至今已经接待观众 3000 多万人次，成为各界开展爱国主义教育的生动课堂。有观众留言写道："历史让我们清醒，盼望祖国的明天更加美好，作为青年人，我们会不懈为之奋斗。""应加强对青少年的历史、国情教育，多多开办这样的展览，让更多的青少年受到应有的教育。"

国家博物馆，需要配合党和国家中心工作或在重大的纪念日推出展览，工作常常需要加班加点，也因此得舍弃许多个人和家庭的事情，但能够高质量如期完成筹展任务，为公众提供一个一流的爱国主义教育课堂，我认为这就是我在平凡岗位上热爱祖国、报效祖国的具体体现。

"桔子树"：我认为努力把自己做好，努力让这个国家更好，这是爱国内涵中永远不变的东西。以前谈到祖国，我们更多的是把它比作母亲，以一种类似亲情或是血缘的东西来维系。新时期我觉得爱国更应该是一种理性的选择。

如今的爱国，不再是一种强行的情感，而更多的是在一种感性判断后做出的理性选择。如今的"80 后""90 后"们表达爱国的方式，很多时候不是表现在喊口号或者唱赞歌，而是珍藏在内心深处，一旦国有所需，他们就会挺身而出。

三、爱国不是一成不变的说教，采取群众喜闻乐见的形式开展爱国教育

记者：在您的人生中，有没有哪次看到或经历的爱国举动或事件让您印象深刻？您觉着新时期的爱国主义教育应该如何推进？

彭凯平：3 月 20 日，我接受联合国大会的邀请，代表亚太地区和科学界做国际幸福日纪念大会的主题发言。由民间学者代表在联大做 20 分钟的主题发言，这在联合国历史上是头一次。我也从来没有想到自己能有这个机会，当时非常激动和振奋。可见，

我们每个人的命运其实都跟自己的国家、民族连在一起，每个人都可以为展现自己的民族特色和民族特点尽一份力。

以往我们的爱国主义教育，理论概念、空洞说教太多，但世界观、人生观、价值观的训练不能靠道理和抽象的概念来实现，必须要与具体的情感、生活和行为联系在一起。因此，新时期的爱国主义教育不该再是一成不变的说教，而应多开展一些形式活泼、内容丰富的公民教育，要用心去教育。也可以尝试用心理学去教育、宣传、培养人们的爱国情操。

曹欣欣：飞天揽月，实现了中华民族千年的飞天梦想，感动了千千万万的人，当然也感动了我。每当看到《复兴之路》中神舟五号返回舱和杨利伟穿的航天服等展品时，我都为祖国感到无比自豪。

爱国主义教育是引导人们特别是广大青少年树立正确理想信念、人生观、价值观的一项重要工作。我认为当前的爱国主义教育，一方面要丰富教育内容；另一方面，也要不断创新教育的形式。可以尝试更多地采取文学艺术、影视戏剧、专题讲座等群众喜闻乐见的形式，开展党史和国史的学习教育，此外，多组织青少年学生瞻仰革命遗址，参观红色旅游景点、革命博物馆和纪念馆，还可利用中国人民抗日战争胜利纪念日、革命烈士纪念日及重大历史事件的纪念日开展形式多样的纪念活动，让大家在铭记历史的同时增强使命感，坚定理想信念，激发爱国热情，凝聚奋进力量。

“桔子树”：作为一名“85 后”，希望咱们的爱国教育尽量避免把那些爱国人士塑造得过于“高大上”，让人在看完他的经历后觉得难以复制，同时觉得普通人不会做这种选择。

我希望新时期的爱国主义教育，渗透让大家都能理解的价值观，要让人对爱国心生向往，觉得是件美好的事情。同时，不管是精神层面还是物质层面，都能让爱国者们觉得做这些事是值得的。比如，让我相信如果我为国牺牲，国家会照顾好我所在乎的人。毕竟爱国也是一种情感。情感是彼此相互的，只求付出不求回报的感情，普通人是很难做到的，也是难以推广的。

第三模块　实践拓展

【项目一】课堂讨论

1. 大学生应该如何践行爱国主义？

通过课堂讨论的形式，谈谈大学生践行爱国主义如何从小事做起、从身边做起？

5～6 人为一组，分小组讨论。讨论流程一般为：主题→思考→讨论→整合→总结。小组讨论结束后，每一组选一名代表总结发言。

2. 如何看待物质与精神的关系？

有人认为“物质利益是最实在的，精神是虚幻的，人要多关心物质，少谈点精神”。对此你怎么看？

5~6 人为一组，分小组讨论。讨论流程一般为：主题→思考→讨论→整合→总结。小组讨论结束后，每一组选一名代表总结发言。

【项目二】延伸阅读

1. 习近平：《在庆祝改革开放 40 周年大会上的讲话》，《人民日报》2018 年 12 月 19 日。

2. 季羡林：《中国精神・中国人》，北京：国际文化出版公司，2013 年版。

3. 〔美〕维克多・黄、〔美〕格雷格・霍洛维茨：《硅谷生态圈 创新的雨林法则》，诸葛越等译，北京：机械工业出版社，2015 年版。

【项目三】影视推荐

1. 《厉害了，我的国》，卫铁执导，中央电视台、中国电影股份有限公司联合出品，2018 年上映。

本片在央视财经频道的纪录片《辉煌中国》的基础上改编而成。电影记录了党的十八大以来中国桥、中国路、中国车、中国港、中国网等超级工程的珍贵影像，深刻展现了祖国的富强和人民的智慧，是当代中国精神的形象展示。

2. 《我和我的祖国》，陈凯歌任总导演，华夏电影发行有限责任公司、华侨城集团有限公司联合出品，2019 年上映。

本片取材中华人民共和国成立 70 周年以来，祖国经历的无数个历史性经典瞬间，讲述普通人与国家之间息息相关密不可分的动人故事。聚焦大时代背景下，普通人和国家之间看似遥远实则密切的关联。

3. 《创新之路》，国家科学技术部、中央电视台联合制作，2016 年首播。

“创新”已经成为中国发展的关键词，而创新究竟是什么？创新应该怎么做？中国创新有过怎样的成绩，而未来又该寻找怎样的道路？这就是本片思考和创造的出发点。本片 10 集共 450 分钟的篇幅，逐一探讨科学、教育、政府、市场、法律、资本、人才等因素如何影响着创新，希望在历史与现实的两个维度中，为中国创新谋出路。

【项目四】制作微电影《爱国就在我身边》

1. 实践主题。

围绕课堂上所学的爱国主义内容，结合当下社会上存在的各种“真爱国”“假爱国”现象及其相关讨论，从大学生的角度以“爱国就在我身边”为主题制作一部微电影，通过小人物、小事件来展现身边的爱国精神和爱国现象，诠释爱国的层次性，并启发观者对爱国的理解，引领生活化的爱国行为。

2. 实践过程。

（1）本次微电影制作实践活动将持续四周，请同学们自由组成小组，根据情况安排进度。

（2）以小组为单位，设计实践方案（即微电影策划方案），提交老师指导，方案通过后展开微电影的拍摄与制作工作。

(3) 每组提交一部微电影作品。

3. 实践要求。

(1) 提交的实践成果内容包括电影策划方案、电影剧本与微电影作品。

(2) 剧本类型包括剧情类、动画类、纪实类。所有剧本没有含有任何违反国家相关法律法规或色情、暴力的内容。

(3) 作品时长:10~15分钟。

(4) 注意微电影选题的适当性、内容的思想性与表现的艺术性,能够切实回应实践主题——爱国就在我身边。

第四模块　自测练习

一、单项选择题

1. 中华民族在五千多年的历史进程中,不仅创造出光辉灿烂、享誉世界的中华文明,也塑造出中华民族独特的精神气质和精神品格,形成了崇尚精神的优秀传统。中华民族崇尚精神的优秀传统,首先表现在(　　)。

A. 中国古人对理想的不懈追求上

B. 对道德修养和道德教化的重视上

C. 对物质生活和精神生活相互关系的独到理解上

D. 对理想人格的推崇

2. "志士仁人,无求生以害仁,有杀身以成仁。""为天地立心,为生民立命,为往圣继绝学,为万世开太平。"这些话表现的是中华民族崇尚精神的优秀传统中的(　　)。

A. 对理想的不懈追求

B. 对物质生活与精神生活相互关系的理解

C. 对道德修养和道德教化的重视

D. 对理想人格的推崇

3. 以下语句反映中国古人对道德修养和道德教化的重视的是(　　)。

A. 道德当身,故不以物惑

B. 为天地立心,为生民立命,为往圣继绝学,为万世开太平

C. 可欲之谓善,有诸己之谓信。充实之谓美,充实而有光辉之谓大,大而化之之谓圣,圣而不可知之之谓神

D. 自天子以至于庶人,壹是皆以修身为本

4. 以下语句反映中国古人对理想人格的推崇的是(　　)。

A. 道德当身,故不以物惑

B. 为天地立心,为生民立命,为往圣继绝学,为万世开太平

C. 可欲之谓善,有诸己之谓信。充实之谓美,充实而有光辉之谓大,大而化之

之谓圣，圣而不可知之之谓神

D. 自天子以至于庶人，壹是皆以修身为本

5. 关于理想人格，儒家把“君子”“圣人”作为自己的理想人格，道家推崇逍遥于天地之间的“真人”“至人”，近代启蒙思想家梁启超呼吁“新民”的理想人格。这些出现在中国历史上的诸多理想人格，虽然时代不同、类型有别，但其共同点是（　　）。

A. 强调道德修养和道德教化

B. 关注人的精神品格

C. 对理想的不懈追求

D. 对物质生活与精神生活相互关系的独到理解

6. 习近平总书记在欧美同学会成立100周年庆祝大会上的讲话说：“希望广大留学人员继承和发扬留学报国的光荣传统，做爱国主义的坚守者和传播者，秉持‘先天下之忧而忧，后天下之乐而乐’的人生理想，始终把国家富强、民族振兴、人民幸福作为努力志向，自觉使个人成功的果实结在爱国主义这棵常青树上。”个人成功的果实之所以应该结在爱国主义这棵常青树上，是因为爱国主义是（　　）。（2015年全国硕士研究生入学考试政治真题）

A. 个人实现人生价值的直接条件

B. 个人实现人生价值的力量源泉

C. 个人成功的决定性因素

D. 个人成功的根本保障

7. 在五千多年的历史发展中，中华民族形成了以爱国主义为核心的伟大民族精神，其中抗战时期，我国各界人民万众一心、同仇敌忾，奏响了一曲气壮山河的抗击日本侵略者的英雄凯歌，深刻诠释了中华民族（　　）。

A. 伟大创造精神　　B. 伟大奋斗精神

C. 伟大团结精神　　D. 伟大梦想精神

8. 在五千多年的历史发展中，中华民族形成了以爱国主义为核心的伟大民族精神，其中古代的火药、指南针、造纸术、印刷术四大发明，现代的天宫、蛟龙、天眼、墨子等重大科技成果，深刻诠释了中华民族（　　）。

A. 伟大创造精神　　B. 伟大奋斗精神

C. 伟大团结精神　　D. 伟大梦想精神

9. 我们要大力弘扬的时代精神是当代人民精神风貌的集中体现，是激发社会创造活力的强大力量。时代精神的内涵十分丰富，其核心是（　　）。（2013年全国硕士研究生入学考试政治真题）

A. 国际主义　　B. 集体主义

C. 改革创新　　D. 开拓进取

10. “大鹏之动，非一羽之轻也；骐骥之速，非一足之力也。”习近平总书记指出：“中国要飞得高、跑得快，就得依靠13亿人民的力量。”这表明中国精神是（　　）。

A. 激发创新创造的精神动力

B. 凝聚中国力量的精神纽带

C. 推进复兴伟业的精神定力

D. 中华民族的优秀传统

11. 在中华民族五千多年绵延发展的历史长河中，爱国主义始终是激昂的主旋律，始终是激励我国各族人民自强不息的强大力量。当代中国爱国主义的鲜明主题是（　　）。

A. 实现中华民族伟大复兴的中国梦

B. 全面建成小康社会

C. 实现农业现代化与国家工业化

D. 扎实推进乡村振兴

12. 2013 年 10 月 21 日，习近平总书记在欧美同学会成立 100 周年庆祝大会上发表重要讲话，希望留学生坚守爱国主义精神，继承和发扬留学报国的光荣传统，做爱国主义的坚守者和传播者，自觉使个人成功的果实结在爱国主义这棵常青树上。检验一个人对祖国忠诚程度的试金石是（　　）。

A. 对祖国大好河山的热爱程度　　B. 对人民群众情感的深浅程度

C. 对祖国灿烂文化的认同程度　　D. 对民族优良传统的熟悉程度

13. 每个公民的神圣使命和义不容辞的责任是（　　）。

A. 爱骨肉同胞　　B. 爱祖国的灿烂文化

C. 促进世界和平　　D. 维护祖国领土的完整统一

14. 爱国主义在不同的历史时期和文化背景有着不同的内涵和特点。在新民主主义革命时期，爱国主义主要表现为极力推翻帝国主义、封建主义和官僚资本主义的反动统治，把黑暗的旧中国改造成光明的新中国。在现阶段，爱国主义主要表现为心系国家的前途和命运，献身于社会主义现代化事业，献身于祖国统一大业。这说明（　　）。（2016 年全国硕士研究生入学考试政治真题）

A. 爱国主义是主观的、现实的

B. 爱国主义是客观的、具体的

C. 爱国主义是历史的、抽象的

D. 爱国主义是历史的、具体的

15. 习近平总书记在纪念五四运动 100 周年大会上的讲话中指出：“爱国主义是我们民族精神的核心，是中华民族团结奋斗、自强不息的精神纽带……对每一个中国人来说，爱国是本分，也是职责，是心之所系、情之所归。对新时代中国青年来说，热爱祖国是立身之本、成才之基。”当代中国爱国主义的本质就是（　　）。（2020 年全国硕士研究生入学考试政治真题）

A. 坚持爱国、爱党和爱社会主义的高度统一

B. 维护社会和谐和民族平等的统一

C. 对民族和文化的归属感、认同感的统一

D. 坚持立足民族和面向世界的统一

16. 习近平总书记指出：“历史是一面镜子，从历史中，我们能够更好看清世界、参透生活、认识自己；历史也是一位智者，同历史对话，我们能够更好认识过去、把握当下、面向未来。”这句话说明，新时代在爱国主义问题上，我们应该（　　）。

A. 坚持爱国主义和社会主义统一

B. 维护祖国统一和民族团结

C. 尊重和传承中华民族历史和文化

D. 坚持立足民族又面向世界

17. 中国特色社会主义进入新时代。为了大力弘扬爱国主义精神，中共中央、国务院印发了《新时代爱国主义教育实施纲要》，明确规定新时代爱国主义教育的着力点是（　　）。（2021年全国硕士研究生入学考试政治真题）

A. 坚持实现中华民族伟大复兴的中国梦

B. 坚持依法治国与以德治国相结合

C. 坚持维护祖国统一和民族团结

D. 坚持立足中国又面向世界

18. 国家安全问题事关国家安危和民族存亡。在国家安全形势越来越复杂的今天，必须坚持总体国家安全观。总体国家安全观的宗旨是（　　）。

A. 人民安全　　B. 政治安全

C. 经济安全　　D. 军事、文化、社会安全

19. “苟日新，日日新，又日新”“穷则变，变则通，通则久”等思想观念，说明中华民族最深沉的民族禀赋是（　　）。

A. 团结合作　　B. 创新创造

C. 勤奋善良　　D. 和平发展

20. 16世纪以来，人类社会进入前所未有的创新活跃期，几百年里，世界经济发生了多次产业革命，人类的生活发生了重大改变。这些说明（　　）是推动人类社会发展的第一动力。

A. 阶级斗争　　B. 创新创造

C. 资本发展　　D. 经济全球化

21. 主权、财富、民族发展和进步的基本载体是（　　）。

A. 祖国的大好河山　　B. 祖国的灿烂文化

C. 人民群众　　D. 国家

22. 戚继光抗击倭寇、郑成功收复台湾、三元里人民抗英、轰轰烈烈的义和团运动、浴血十四年的全民族抗日战争等，这些爱国壮举集中体现了中华民族爱国主义优良传统中（　　）。

A. 维护祖国统一、促进民族团结的精神

B. 抵御外来侵略、捍卫国家主权的精神

C. 心系民生苦乐、推动历史进步的精神

D. 开发祖国山河、创造中华文明的精神

23.《新时代爱国主义教育实施纲要》指出，新时代加强爱国主义教育，对于振奋民族精神、凝聚全民族力量，决胜全面建成小康社会，夺取新时代中国特色社会主义伟大胜利，实现中华民族伟大复兴的中国梦，具有重大而深远的意义。新时代加强爱国主义教育的主题是（　　）。

A. 实现中华民族伟大复兴的中国梦

B. 维护祖国统一和民族团结

C. 传承和弘扬中华优秀传统文化

D. 加强国家安全教育和国防教育

24. 著名地球物理学家黄大年同志生前曾说："作为一个中国人，国外的事业再成功，也代表不了祖国的强大，只有在祖国把同样的事做成了，才是最大的满足。""中国要由大国变成强国，需要一批'科研疯子'，这其中能有我，于愿足矣！"黄大年同志回国后，刻苦钻研、勇于创新，取得了一系列重大科技成果，填补了多项国内技术空白，长期的过度劳累使他健康严重透支，终因胆管癌医治无效去世，年仅 58 岁。黄大年同志心有大我、至诚报国的爱国情怀，充分说明了在当代中国，爱国主义精神最重要的体现是（　　）。

A. 对祖国大好河山的热爱　　B. 对祖国灿烂文化的热爱

C. 对自己骨肉同胞的热爱　　D. 坚持爱党爱国爱社会主义的统一

25. 邓小平同志曾经指出："港澳、台湾、海外的爱国同胞，不能要求他们都拥护社会主义，但是至少也不能反对社会主义的新中国，否则怎么叫爱祖国呢?"这句话提醒我们，在爱国与爱社会主义这一问题上，爱国与否是（　　）。

A. 道德要求　　B. 个人价值取向

C. 法律规范　　D. 最基本的政治原则

26. "而世之奇伟、瑰怪，非常之观，常在于险远，而人之所罕至焉，故非有志者不能至也。"这句话告诉我们，广大青年在改革创新的实践中要做到（　　）。

A. 树立突破陈旧陋习的自觉意识

B. 增强改革创新的本领

C. 树立以创新创造为目标的志向

D. 树立大胆探索未知领域的信心和勇气

27. 早在两千多年前，中国人就开通了丝绸之路，推动东西方平等开展文明交流，留下互利合作的足迹，沿途各国人民均受益匪浅。如今，中国又发出建设"新丝绸之路经济带"和"21 世纪海上丝绸之路"的合作倡议，目标是建立一个政治互信、经济融合、文化包容的人类命运共同体。中国人民不接受"国强必霸"的逻辑，这源于深深扎根于中华民族精神中的（　　）。

A. 团结统一的精神　　B. 爱好和平的精神

C. 勤劳勇敢的精神　　D. 自强不息的精神

28.《朱子语类》中记载了朱熹这样一段话："人所以异者，以其有仁义礼智。若为子而孝，为弟而悌，禽兽岂能之哉?"这说明中华民族自古就（　　）。

A. 重视整体利益，强调责任奉献

B. 提倡人伦价值，重视道德义务

C. 追求精神境界，向往理想人格

D. 强调道德修养，注重道德践履

29. 钱学森曾说："表彰我对中国火箭导弹技术、航天技术和系统工程论方面所做的一切工作，我想这里面中国两个字是最重要的。”这说明，爱国主义是（　　）。

A. 实现中华民族伟大复兴的动力

B. 个人实现人生价值的力量源泉

C. 维护祖国统一和民族团结的纽带

D. 科学技术日新月异的根本推动力

30. “公而忘私、国而忘家”“先天下之忧而忧，后天下之乐而乐”“天下兴亡匹夫有责”等格言警句表达了中华民族的传统美德。与此寓意相一致的有（　　）。

A. 求真务实，敬重诚实守信

B. 爱国奉献，以天下为己任

C. 勤劳勇敢，追求自由解放

D. 乐群贵和，强调人际核心

二、多项选择题

1. 中华民族在五千多年的历史进程中，不仅创造出光辉灿烂、享誉世界的中华文明，也塑造出中华民族独特的精神气质和精神品格，形成了崇尚精神的优秀传统。中华民族崇尚精神的优秀传统表现为（　　）。

A. 对物质生活与精神生活相互关系的独到理解

B. 中国古人对理想的不懈追求

C. 对道德修养和道德教化的重视

D. 对理想人格的追求

2. 在漫漫的历史进程中，中华民族塑造出独特的精神气质和精神品格，形成了崇尚精神的优秀传统。以下体现了中华民族对物质生活与精神生活相互关系的独到理解有（　　）。

A. 人之有道也，饱食、暖衣、逸居而无教，则近于禽兽

B. 见贤思齐焉，见不贤而内自省也

C. 道德当身，故不以物惑

D. 一箪食，一瓢饮，在陋巷，人不堪其忧，回也不改其乐

3. 中国人民在长期奋斗中培育、继承、发展起来的伟大民族精神，为中国发展和人类文明进步提供了强大精神动力。勤劳勇敢的中国人民在长期奋斗中培育、继承、发展起来的以爱国主义为核心的伟大民族精神的主要内容有（　　）。

A. 伟大创造精神　　　　B. 伟大奋斗精神

C. 伟大团结精神　　　　D. 伟大梦想精神

4. 中国人民在长期奋斗中培育、继承、发展起来的伟大民族精神，为中国发展和人类文明进步提供了强大精神动力。以下选项属于伟大奋斗精神的是（　　）。

A. 后羿射日、女娲补天、叶公好龙、夸父追日、东兔西乌、愚公移山

B. 开发和建设了祖国辽阔秀丽的大好河山，开拓了波涛万顷的辽阔海疆

C. 开垦了物产丰富的广袤粮田，治理了桀骜不驯的千百条大河

D. 发明了造纸术、火药、印刷术和指南针，创作了诗经、楚辞、唐诗、宋词等

5. 在几千年历史长河中，中国人民始终心怀梦想、不懈追求，不仅形成了小康生活理念，而且秉持天下为公的情怀。深刻反映中国人民用于追求和实现梦想的执着精神的古代神话有（　　）。

A. 夸父逐日、愚公移山　　B. 女娲补天、叶公好龙

C. 后羿射日、东兔西乌　　D. 神农尝草、精卫填海

6. 改革开放40年来，党带领人民破除阻碍发展的思想观念、体制机制，取得世人瞩目的巨大成就，靠的就是不断改革创新的进取精神。改革创新精神体现为（　　）。

A. 突破陈规、大胆探索、敢于创造的思想观念

B. 不甘落后、奋勇争先、追求进步的责任感和使命感

C. 坚韧不拔、自强不息、锐意进取的精神状态

D. 淡泊名利、乐于助人、无私奉献的道德追求

7. 对于民族精神和时代精神的关系，理解正确的有（　　）。

A. 民族精神和时代精神共同构成了中国精神

B. 民族精神赋予中国精神以民族特征，时代精神赋予中国精神以时代内涵

C. 一切民族精神都是在一定历史阶段中的时代精神

D. 一切的时代精神都将随着历史的变迁逐步融入民族精神的长河中

8. 鲁迅曾说："惟有民魂是值得宝贵的，惟有他发扬起来，中国才有真进步。"实现中国梦必须弘扬中国精神，中国精神是兴国强国之魂，是（　　）。

A. 推进复兴伟业的精神定力

B. 激发创新创造的精神动力

C. 凝聚中国力量的精神纽带

D. 改革创新的时代动力

9. 爱国主义是人民对自己家园以及民族和文化的（　　）的统一。

A. 归属感　　B. 认同感　　C. 尊严感　　D. 荣誉感

10. 爱国主义是中华民族精神的核心，是调节个人与祖国之间关系的（　　）。

A. 道德要求　　B. 精神纽带

C. 法律规范　　D. 政治原则

11. 爱国主义体现了人民群众对自己祖国的深厚感情，反映了个人对祖国的依存关系。在我国，爱国主义（　　）。(2012年全国硕士研究生入学考试政治真题)

A. 既是道德的要求，又是法律规范

B. 既继承了优良传统，由具有时代特征

C. 体现了爱国主义与爱党、爱社会主义的统一

D. 体现了爱国主义与维护祖国统一的一致性

12. 2012年9月10日，日本政府宣布"购买"钓鱼岛及其附属岛屿。此后几天，我国不少地方的群众尤其是青年人自发走上街头，抗议日本政府非法"购岛"行径。这是因为（　　）。

A. 维护祖国领土的完整和统一是每一个爱国者的神圣使命和义不容辞的责任

B. 祖国的河山在人们心中占据着至高无上的地位

C. 祖国的大好河山是主权、财富、民族发展和进步的基本载体

D. 爱祖国的大好河山是检验一个人对祖国忠诚程度的试金石

13. 2019年11月，中共中央、国务院印发《新时代爱国主义教育实施纲要》，对新时代爱国主义教育做出了全面的部署安排。这是新时代爱国主义教育的纲领性文件。纲要指出，新时代加强爱国主义教育，应坚持（　　）。

A. 把实现中华民族伟大复兴的中国梦作为鲜明主题

B. 维护祖国统一和民族团结是弘扬爱国主义精神的重要着力点和落脚点

C. 立足中国又面向世界

D. 当代中国爱国主义精神最重要的体现是爱国和爱党、爱社会主义相统一

14. 钱学森冲破重重阻力，回到魂牵梦绕的祖国。当有人问他为什么回国时，他说："我为什么要走回归祖国这条道路？我认为道理很简单——鸦片战争近百年来，国人强国梦不息，抗争不断。革命先烈为兴邦，为了炎黄子孙的强国梦，献出了宝贵的生命，血沃中华热土。我个人作为炎黄子孙的一员，只能追随先烈的足迹，在千万般艰险中，探索追求，不顾其他。再看看共和国的缔造者和建设者们，在百废待兴的贫瘠土地上，顶住国内的贫穷、国外的封锁，经过多少个风风雨雨的春秋，让一个社会主义新中国屹立于世界东方。想到这些，还有什么个人利益不能丢呢？"钱学森发自肺腑的言语，对于我们在新时期弘扬爱国主义精神的启示是（　　）。（2010年全国硕士研究生入学考试政治真题）

A. 科学没有国界，但科学家有祖国

B. 个人的理想要与国家命运、民族命运相结合

C. 爱国主义与爱社会主义具有深刻的内在一致性

D. 爱国主义是爱国情感、爱国思想和爱国行为的高度统一

15. 中华民族的爱国主义优良传统源远流长，内涵极为丰富。下列诗句中反映爱国主义优良传统的有（　　）。（2014年全国硕士研究生入学考试政治真题）

A. 位卑未敢忘忧国，事定犹须待阖棺

B. 四万万人齐下泪，天涯何处是神州

C. 寄意寒星荃不察，我以我血荐轩辕

D. 苟利国家生死以，岂因祸福避趋之

16. 2018年10月19日，中央宣传部向全社会宣传发布卓嘎、央宗姐妹的先进事迹，授予她们"时代楷模"称号。卓嘎、央宗姐妹成长生活的隆子县玉麦乡，地处祖国西南边陲，20世纪60年代以来很长一段时间，仅有父亲桑杰曲巴和卓嘎、央宗姐妹一户人家，被外界称作"三人乡"。她们在父亲桑杰曲巴的影响和带领下，始终秉持"家是玉麦，国是中国，放牧守边是职责"的坚定信念，几十年如一日，守护者祖国的领土，谱写了爱国守边的动人故事和时代赞歌。她们的事迹告诉我们，做忠诚的爱国者，必须（　　）。

A. 把国家的安全、荣誉和利益放在高于一切的地位

B. 维护和推进祖国统一

C. 促进民族团结

D. 增强国家安全意识

17. 坚持总体国家安全观要（　　）。

A. 以人民安全为宗旨　　B. 以政治安全为根本

C. 以经济安全为基础　　D. 以军事、文化和社会安全为保障

18. 在经济全球化背景下，西方一些人极力鼓吹政治一体化和文化一体化，实际上企图借经济全球化推行本国的政治制度和价值观念，损害别国的主权和尊严。这是因为（　　）。

A. 在参与经济全球化的过程中，捍卫国家利益需要爱国主义的支撑

B. 经济全球化等于全球政治、文化一体化

C. 在经济全球化的条件下，国家依然是民族存在的最高组织形式

D. 只要国家继续存在，爱国主义就有坚实的基础

19. 在当代中国，社会发展离不开改革创新，改革创新是社会发展的重要动力，坚持改革创新是新时代的迫切要求。因为（　　）。

A. 创新始终是推动人类社会发展的第一动力

B. 创新能力是当今国际竞争新优势的集中体现

C. 改革创新是我国赢得未来的必然要求

D. 改革创新是增强大学生时代责任意识的有效途径

20. 新时代的大学生置身于实现中华民族伟大复兴的时代洪流之中，应当以时代使命为己任，把握时代脉搏，迎接时代挑战，勇做改革创新的实践者。为此，大学生应该要（　　）。

A. 增强改革创新的责任感　　B. 树立敢于突破陈规的意识

C. 树立大胆探索未知领域的信心　　D. 增强改革创新的能力本领

三、判断正误并陈述理由

1. 中国精神的基本内容是以爱国主义为核心的为人民服务精神和以改革创新为核心的实事求是精神。

2. 民族精神与时代精神紧密关联，都是一个民族赖以生存和发展的精神支撑。一切的时代精神都是一定历史阶段带动潮流、引领风尚、推动社会发展的民族精神。

3. 当代中国爱国主义的鲜明主题是建设中国特色社会主义。

4. 是否爱自己的祖国，是否拥护国家的基本制度，是否遵守国家的宪法法律，是检验一个人对祖国忠诚程度的试金石。

5. 新时代，弘扬爱国主义精神，必须把维护祖国统一和民族团结作为重要着力点和落脚点。

四、简答题

1. 中华民族崇尚精神的优秀传统表现是什么？

2. 为什么实现中国梦必须弘扬中国精神？

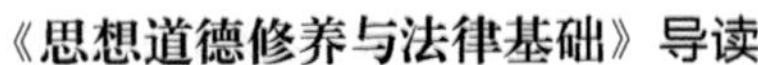

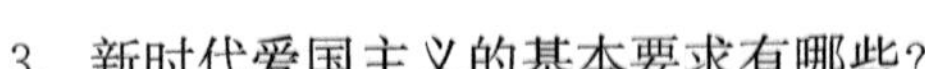

3. 新时代爱国主义的基本要求有哪些？

4. 如何做新时代的忠诚爱国者？

5. 大学生如何做改革创新的生力军？

五、论述题

1. 如何理解中国精神是民族精神与时代精神的统一?

2. 爱国主义的基本内涵与时代要求是什么?

六、材料分析题

1. 结合材料回答问题。

材料 1

1987 年，钱学森在访问英国时对当地的中国留学生谈及为什么要走回归祖国这条道路时，掷地有声地说:“我认为道理很简单——鸦片战争近百年来，国人强国梦不息，抗争不断。革命先烈为兴邦，为了炎黄子孙的强国梦，献出了宝贵的生命，血沃中华热土。我个人作为炎黄子孙的一员，只能追随先烈的足迹，在千万般艰险中，探索追求，不顾及其他。再看看共和国的缔造者和建设者们，在百废待兴的贫瘠土地上，顶住国内的贫穷，国外的封锁，经过多少个风风雨雨的春秋，让一个社会主义新中国屹立于世界东方。想到这些，还有什么个人利益不能丢呢?”

——摘自《新时代知识分子榜样——钱学森：我的归宿在中国》[①]

① 《新时代知识分子榜样——钱学森：我的归宿在中国》，http://www.81.cn/byyd/2019-01/14/content_9400189.htm。

材料 2

他，在英国 18 年，是国际知名战略科学家；他，曾经住在剑桥大学旁边的花园别墅里，妻子还经营这两家诊所；他，2009 年放弃英国的一切，作为国家“千人计划”特聘专家回答祖国；他，选择了母校吉林大学做全职教授，成为东北第一个引进的“千人”专家；他，负责“深部探测关机仪器装备研制与实验项目”及相关领域科研攻关，国家财政投入数亿元人民币，是当时国家“千人计划”专家科研项目中获得支持力度最大的一个；他，没日没夜地工作，多年来，他办公室深夜明亮的灯光被称为吉林大学地质宫“不灭的灯光”……

他叫黄大年。

“作为中国人，无论你在国外取得多大成绩，而你所研究的领域在自己的祖国却有很大的差距甚至刚刚起步，那你都不是真正意义上的成功”，黄大年曾经这样说过。所以，当 2009 年听到祖国召唤时，黄大年毫不犹豫放弃国外的优厚条件，到吉林大学地球探测科学与技术学院出任全职教授，开始为我国的航空地球物理事业耕耘、播种。

“我是国家培养出来的，从来没觉得我和祖国分开过，我的归宿在中国”。7 年间，黄大年带领由院士、大学校长、研究所所长等 400 多名高级别研究人员组成的团队，创造了多项“中国第一”。长期的过度劳累使健康严重透支，黄大年终因胆管癌医治无效去世，年仅 58 岁。归来离去之间，黄大年用自己的方式，书写着不忘初心的爱国情怀，诠释着为祖国、为梦想全力拼搏的精神内涵。

习近平总书记对黄大年同志先进事迹作出重要指示指出：黄大年同志秉持科技报国理想，把为祖国富强、民族振兴、人民幸福贡献力量作为毕生追求，为我国教育科研事业作出了突出贡献，他的先进事迹感人肺腑。

以黄大年同志为榜样，习近平总书记强调 3 个“学习”：学习他心有大我、至诚报国的爱国情怀，学习他教书育人、敢为人先的敬业精神，学习他淡泊名利、甘于奉献的高尚情操，把爱国之情、报国之志融入祖国改革发展的伟大事业之中、融入人民创造历史的伟大奋斗之中，从自己做起，从本职岗位做起，为实现“两个一百年”奋斗目标、实现中华民族伟大复兴的中国梦贡献智慧和力量。

——摘编自《习近平对黄大年同志先进事迹作出重要指示》等①

材料 3

日本政府罔顾历史，非法“购买”钓鱼岛，公然侵犯中国领土主权，激起中国民众的愤怒和不满。几天来，我国不少城市都爆发了针对日本的示威游行。

掀翻的汽车、冒烟的街道、暴戾的表情——当日本媒体幸灾乐祸地称中国抗日陷入“暴徒化”，并预测会给中国社会带来动荡时，“非理性”的抗议，正中以石原慎太郎为代表的日本右翼势力的“下怀”。

爱国和害国，有时候只是一步之遥，理性是两者的分界线。钓鱼岛之争以及中日关系，错综复杂，绝非“匹夫之勇”就能了断。愤怒和冲动，不是解决问题之道。保持理

---

① 《习近平对黄大年同志先进事迹作出重要指示》，《光明日报》2017 年 5 月 26 日；温红彦、吴储岐：《心有大我，山一样的巍峨——追记著名地球物理学家》，《人民日报》2017 年 7 月 12 日。

性，才能应对复杂的局面，才能让别人明白你的利益表达，才能获得支持和尊重。而一旦偏离了理性，再理直气壮的诉求，也会在“闹剧”中化为乌有。

爱国，不是喊喊口号，图一时之快，国与国之间的利益之争，最终是综合国力的较量。

让我们记住一个年轻人对“中国该不该强硬反制日本”的看法。他说：我们要抵制日货，并不是要砸自己的日货，我们在各行各业，都要比它做得好。我们的官员，比他们的廉洁；我们的街道，比他们的干净；我们的桥，比他们的结实；我们的年轻人，比他们更有未来，更有希望。

——摘编自冯雪梅《爱国和害国，只有一步之遥》①

(1) 结合材料1、材料2，谈谈在经济全球化的今天，为什么我们还要强调“科学家有祖国”？

(2) 孙中山先生曾说：“做人最大的事情，就是要知道怎么样爱国。”结合上述材料，谈谈新时代的大学生应该如何做到真正的爱国。

① 冯雪梅：《爱国和害国，只有一步之遥》，《中国青年报》2012年9月17日。

2. 结合材料回答问题。

材料1

在家尽孝、为国尽忠是中华民族的优良传统。没有国家繁荣发展，就没有家庭美满幸福。同样，没有千千万万家庭幸福美满，就没有国家繁荣发展。我们要在全社会大力弘扬家国情怀，培育和践行社会主义核心价值观，弘扬爱国主义、集体主义、社会主义精神，提倡爱家爱国相统一，让每个人、每个家庭都为中华民族大家庭作出贡献。

——摘自习近平在2019年春节团拜会上的讲话①

材料2

无论是“修身、齐家、治国、平天下”的人文理想，还是“先天下之忧而忧，后天下之乐而乐”的大任担当；无论是“人生自古谁无死，留取丹心照汗青”的忠诚执着，还是“天下兴亡，匹夫有责”的豪迈誓言……家国情怀早已沉淀为中华儿女的内在品格，成为中华优秀传统文化的宝贵财富。

——摘自《人民日报》评论员《在全社会大力弘扬家国情怀》②

材料3

于敏为氢弹研制隐姓埋名二十八载，张富清深藏功名为贫困山区奉献一生，袁隆平数十年致力于杂交水稻的研究、应用和推广……为什么他们的追求并不功利？因为他们胸怀祖国、志在四方。为什么他们的选择并不艰难？因为他们心有大我、至诚报国。

——摘自李斌《爱国是本分，报国是职责》③

材料4

对每一个中国人来说，爱国是本分，也是职责，是心之所系、情之所归。对新时代中国青年来说，热爱祖国是立身之本、成才之基。当代中国，爱国主义的本质就是坚持爱国和爱党、爱社会主义高度统一。

——摘自习近平《在纪念五四运动100周年大会上的讲话》④

（1）为什么要在全社会弘扬家国情怀？

---

① 习近平：《在2019年春节团拜会上的讲话》，http://www.gov.cn/xinwen/2019－02/03/content_5363743.htm。

② 本报评论员：《在全社会大力弘扬家国情怀》，《人民日报》2019年2月5日。

③ 李斌：《爱国是本分，报国是职责》，《人民日报》2019年9月5日。

④ 习近平：《在纪念五四运动100周年大会上的讲话》http://www.xinhuanet.com/politics/leaders/2019－04/30/c_1124436427.htm。

（2）为什么说“对每一个中国人来说，爱国是本分，也是职责，是心之所系、情之所归”？

3. 结合材料回答问题。

新冠肺炎疫情是百年来全球发生的最严重的传染病大流行，是新中国成立以来我国遭遇的传播速度最快、感染范围最广、防控难度最大的重大突发公共卫生事件。面对严重疫情，中国共产党团结带领全国各族人民，进行了一场惊心动魄的抗疫大战，经过艰苦卓绝的斗争，付出巨大努力，取得抗击疫情斗争重大战略成果。

武汉和湖北成为这次疫情防控战的主战场。面对疫情考验，党中央一声令下，从抗疫最前线到防疫大后方，从“天涯海角”到“漠河北极”，从雪域高原到黄浦江畔，面对生死考验，平日里默默无闻的工人、农民、医生等挺身而出，用血肉之躯挺起国家的脊梁。“天使白”“橄榄绿”“守护蓝”“志愿红”迅速集结。习近平总书记在全国抗击新冠肺炎疫情表彰大会上深情地说：“全国人民都‘为热干面加油’。”

抗击疫情犹如大考，考出了令人赞叹的中国精神、中国力量、中国担当，考出了家的团结、国的凝聚、每个人的责任。他们当中，有满头银发乘火车赶赴武汉的钟南山院士，有因操劳过度“把胆留在武汉”的张伯礼院士，有身患渐冻症仍蹒跚急行的张定宇院长，有为研制疫苗以身试验的陈薇院士，等等。他们当中，有牺牲在湖北疫情防控一线的白衣战士刘智明、基层民警吴涌、社区干部廖建军，有每天送医护人员上下班的爱心人士，等等。参加抗疫的医务人员中有近一半是“90后”“00后”，他们有一句话感动了中国：“2003年非典的时候你们保护了我们，今天轮到我们来保护你们了。”

人无精神则不立，国无精神则不强。唯有精神上站得住……敢于胜利的大无畏气概，铸就了生命至上、举国同心、舍生忘死、尊重科学、命运与共的伟大抗疫精神。“伟大抗疫精神是中国精神的生动诠释，必将激励新时代中华儿女以更加担当有为的姿态为全面建设社会主义现代化国家、实现中华民族伟大复兴注入强大的力量。

——摘编自《弘扬抗疫精神 在新时代的征程上一路前向》等①

（2021年全国硕士研究生入学考试政治真题）

① 本报评论员：《弘扬抗疫精神 在新时代的征程上一路前向》，《光明日报》2020年9月9日；宣言：《光荣属于英雄的中国人民》，《人民日报》2020年9月18日。

（1）伟大抗疫精神是中国精神的生动诠释，全国人民都在为“‘武汉热干面’加油”，其中体现了什么样的中国精神？

（2）伟大抗疫精神将激励新时代青年如何负担民族复兴的时代使命？

第四章　践行社会主义核心价值观

第一模块　学习引导

构建具有强大感召力的核心价值观，关系社会和谐稳定，关系国家长治久安。当代青年的价值取向决定了未来整个社会的价值取向，青年要从现在做起、从自己做起，使社会主义核心价值观成为自己的基本遵循，并身体力行大力将其推广到全社会去。

一、学习目标

1. 了解并掌握社会主义核心价值观的科学内涵和重要意义。
2. 深刻领会社会主义核心价值观的历史底蕴、现实基础和道义力量。
3. 了解当代大学生应如何坚定价值观自信、积极践行社会主义核心价值观。

二、知识结构

<table>
<tr><td rowspan="7">践行社会主义核心价值观</td><td rowspan="2">全体人民共同的价值追求</td><td>社会主义核心价值观的基本内容</td></tr>
<tr><td>当代中国发展进步的精神指引</td></tr>
<tr><td rowspan="3">坚定价值观自信</td><td>历史底蕴</td></tr>
<tr><td>现实基础</td></tr>
<tr><td>道义力量</td></tr>
<tr><td rowspan="2">做社会主义核心价值观的积极践行者</td><td>扣好人生的扣子</td></tr>
<tr><td>勤学修德明辨笃实</td></tr>
</table>

三、学习重难点

1. 掌握社会主义核心价值观的基本内容与重要意义。
2. 理解社会主义核心价值观的历史底蕴、现实基础与道义力量。
3. 当代大学生应如何积极践行社会主义核心价值观。

第二模块　经典导读

【经典导读一】

“平语”近人——习近平谈社会主义核心价值观①

在习近平总书记治国理政思想体系中，关于培育和践行社会主义核心价值观是一个重要方面。党的十八大以来，习近平多次作出重要论述并提出明确要求，新华网“学习进行时”为您梳理摘录，一起来学习。

一、社会主义核心价值观有多重要？

一个民族赖以维系的精神纽带

每个时代都有每个时代的精神。我曾经讲过，实现中国梦必须走中国道路、弘扬中国精神、凝聚中国力量。核心价值观是一个民族赖以维系的精神纽带，是一个国家共同的思想道德基础。如果没有共同的核心价值观，一个民族、一个国家就会魂无定所、行无依归。为什么中华民族能够在几千年的历史长河中生生不息、薪火相传、顽强发展呢？很重要的一个原因就是中华民族有一脉相承的精神追求、精神特质、精神脉络。

——2014 年 10 月 15 日，习近平在文艺工作座谈会上发表重要讲话

一个民族的文明进步，一个国家的发展壮大，需要一代又一代人接力努力，需要很多力量来推动，核心价值观是其中最持久最深沉的力量。

——2014 年 5 月 30 日，习近平在北京市海淀区民族小学主持召开座谈会时发表重要讲话

核心价值观，承载着一个民族、一个国家的精神追求，体现着一个社会评判是非曲直的价值标准。核心价值观，其实就是一种德，既是个人的德，也是一种大德，就是国家的德、社会的德。国无德不兴，人无德不立。如果一个民族、一个国家没有共同的核心价值观，莫衷一是，行无依归，那这个民族、这个国家就无法前进。

实现我们的发展目标，实现中国梦，必须增强道路自信、理论自信、制度自信，“千磨万击还坚劲，任尔东南西北风”。而这“三个自信”需要我们对核心价值观的认定作支撑。

——2014 年 5 月 4 日，习近平在北京大学师生座谈会上发表重要讲话

核心价值观是文化软实力的灵魂、文化软实力建设的重点。这是决定文化性质和方向的最深层次要素。一个国家的文化软实力，从根本上说，取决于其核心价值观的生命

---

① 于子茹、金佳绪：《“平语”近人——习近平谈社会主义核心价值观》，http://www.xinhuanet.com/politics/2016-12/08/c_129395314.htm。

力、凝聚力、感召力。培育和弘扬核心价值观，有效整合社会意识，是社会系统得以正常运转、社会秩序得以有效维护的重要途径，也是国家治理体系和治理能力的重要方面。历史和现实都表明，构建具有强大感召力的核心价值观，关系社会和谐稳定，关系国家长治久安。

——2014 年 2 月 24 日，习近平在主持中共中央政治局第十三次集体学习时发表讲话

二、什么是社会主义核心价值观？

国家层面+社会层面+公民层面

“爱岗敬业、争创一流，艰苦奋斗、勇于创新，淡泊名利、甘于奉献”的劳模精神，生动诠释了社会主义核心价值观，是我们的宝贵精神财富和强大精神力量。

——2015 年 4 月 28 日，习近平在庆祝“五一”国际劳动节暨表彰全国劳动模范和先进工作者大会上发表重要讲话

在社会主义核心价值观中，最深层、最根本、最永恒的是爱国主义。

——2014 年 10 月 15 日，习近平在文艺工作座谈会上发表重要讲话

我们倡导的富强、民主、文明、和谐，自由、平等、公正、法治，爱国、敬业、诚信、友善的社会主义核心价值观，体现了古圣先贤的思想，体现了仁人志士的夙愿，体现了革命先烈的理想，也寄托着各族人民对美好生活的向往。

——2014 年 5 月 30 日，习近平在北京市海淀区民族小学主持召开座谈会时发表重要讲话

经过反复征求意见，综合各方面认识，我们提出要倡导富强、民主、文明、和谐，倡导自由、平等、公正、法治，倡导爱国、敬业、诚信、友善，积极培育和践行社会主义核心价值观。富强、民主、文明、和谐是国家层面的价值要求，自由、平等、公正、法治是社会层面的价值要求，爱国、敬业、诚信、友善是公民层面的价值要求。

——2014 年 5 月 4 日，习近平在北京大学师生座谈会上发表重要讲话

三、如何践行社会主义核心价值观？

使之像空气一样无处不在

我们要弘扬社会主义核心价值观，弘扬以爱国主义为核心的民族精神和以改革创新为核心的时代精神，不断增强全党全国各族人民的精神力量。

——2016 年 7 月 1 日，习近平在庆祝中国共产党成立 95 周年大会上发表重要讲话

要深入开展中国特色社会主义理想信念教育，培育和践行社会主义核心价值观，弘扬中华优秀传统文化，开展以职业道德为重点的“四德”教育，深化“中国梦·劳动美”教育实践活动，不断引导广大群众增强中国特色社会主义道路自信、理论自信、制度自信。

——2015 年 4 月 28 日，习近平在庆祝“五一”国际劳动节暨表彰全国劳动模范和先进工作者大会上发表重要讲话

家庭是社会的基本细胞，是人生的第一所学校。不论时代发生多大变化，不论生活格局发生多大变化，我们都要重视家庭建设，注重家庭、注重家教、注重家风，紧密结合培育和弘扬社会主义核心价值观，发扬光大中华民族传统家庭美德，促进家庭和睦，

促进亲人相亲相爱，促进下一代健康成长，促进老年人老有所养，使千千万万个家庭成为国家发展、民族进步、社会和谐的重要基点。

——2015 年 2 月 17 日，习近平在 2015 年春节团拜会上发表重要讲话

做好各项工作，必须有强大的价值引导力、文化凝聚力、精神推动力的支撑，加强文化建设要有主心骨，社会主义核心价值观要广泛宣传教育、广泛探索实践，使社会主义核心价值观成为引导人们前进的强大精神动力。

——2014 年 12 月 13 日至 14 日，习近平在江苏调研

我们要在全社会大力弘扬和践行社会主义核心价值观，使之像空气一样无处不在、无时不有，成为全体人民的共同价值追求，成为我们生而为中国人的独特精神支柱，成为百姓日用而不觉的行为准则。要号召全社会行动起来，通过教育引导、舆论宣传、文化熏陶、实践养成、制度保障等，使社会主义核心价值观内化为人们的精神追求、外化为人们的自觉行动。

——2014 年 10 月 15 日，习近平在文艺工作座谈会上发表重要讲话

核心价值观的养成绝非一日之功，要坚持由易到难、由近及远，努力把核心价值观的要求变成日常的行为准则，进而形成自觉奉行的信念理念。不要顺利的时候，看山是山、看水是水，一遇挫折，就怀疑动摇，看山不是山、看水不是水了。无论什么时候，我们都要坚守在中国大地上形成和发展起来的社会主义核心价值观，在时代大潮中建功立业，成就自己的宝贵人生。

——2014 年 5 月 4 日，习近平在北京大学师生座谈会上发表重要讲话

培育和弘扬社会主义核心价值观必须立足中华优秀传统文化。

要切实把社会主义核心价值观贯穿于社会生活方方面面。要通过教育引导、舆论宣传、文化熏陶、实践养成、制度保障等，使社会主义核心价值观内化为人们的精神追求，外化为人们的自觉行动。

要发挥政策导向作用，使经济、政治、文化、社会等方方面面政策都有利于社会主义核心价值观的培育。要用法律来推动核心价值观建设。各种社会管理要承担起倡导社会主义核心价值观的责任，注重在日常管理中体现价值导向，使符合核心价值观的行为得到鼓励、违背核心价值观的行为受到制约。

——2014 年 2 月 24 日，习近平在主持中共中央政治局第十三次集体学习时发表讲话

【经典导读二】

人民法院大力弘扬社会主义核心价值观十大典型民事案例①

2020 年 5 月 13 日，最高人民法院召开新闻发布会，发布人民法院大力弘扬社会主义核心价值观十大典型民事案例。此次发布的 10 件大力弘扬社会主义核心价值观典型

① 最高人民法院：《最高法发布弘扬社会主义核心价值观十大典型民事案例》，https://www.chinacourt.org/article/detail/2020/05/id/5215132.shtml。

民事案例，是2018年以来发生法律效力的、广受社会关注和赞誉的案例，分别从英烈保护、见义勇为、公序良俗、诚信友善、孝老爱亲等方面体现弘扬社会主义核心价值观的目标、导向和准则。

1. 董存瑞、黄继光英雄烈士名誉权纠纷公益诉讼案
2. 淮安谢勇烈士名誉权纠纷公益诉讼案
3. 村民私自上树摘果坠亡索赔案
4. 撞伤儿童离开被阻猝死索赔案
5. 微信群发表不当言论名誉侵权案
6. “暗刷流量”合同无效案
7. 开发商“自我举报”无证卖房毁约案
8. 吃“霸王餐”逃跑摔伤反向餐馆索赔案
9. 自愿赡养老人继承遗产案
10. 困境儿童指定监护人案

本书摘选其中四个案例供同学们阅读与思考。

案例一

董存瑞、黄继光英雄烈士名誉权纠纷公益诉讼案

——杭州市西湖区人民检察院诉瞿某某侵害烈士名誉权公益诉讼案

核心价值：革命英烈保护

一、基本案情

瞿某某在其经营的网络店铺中出售两款贴画，一款印有“董存瑞舍身炸碉堡”形象及显著文字“连长 你骗我！两面都有胶!!”另一款印有“黄继光舍身堵机枪口”形象及显著文字“为了妹子，哥愿意往火坑跳!”杭州市某居民在该店购买了上述印有董存瑞、黄继光宣传形象及配文的贴画后，认为案涉网店经营者侵害了董存瑞、黄继光的名誉并伤害了其爱国情感，遂向杭州市西湖区检察院举报。

西湖区检察院发布公告通知董存瑞、黄继光近亲属提起民事诉讼。公告期满后，无符合条件的原告起诉，西湖区检察院遂向杭州互联网法院提起民事公益诉讼。

二、裁判结果

杭州互联网法院认为，英雄烈士是国家的精神坐标，是民族的不朽脊梁。英雄烈士董存瑞在“解放战争”中舍身炸碉堡，英雄烈士黄继光在“抗美援朝”战争中舍身堵枪眼，用鲜血和生命谱写了惊天动地的壮歌，体现了崇高的革命气节和伟大的爱国精神，是社会主义核心价值观的重要体现。任何人都不得歪曲、丑化、亵渎、否定英雄烈士的事迹和精神。被告瞿某某作为中华人民共和国公民，应当崇尚、铭记、学习、捍卫英雄烈士，不得侮辱、诽谤英雄烈士的名誉。其通过网络平台销售亵渎英雄烈士形象贴画的行为，已对英雄烈士名誉造成贬损，且主观上属明知，构成对董存瑞、黄继光的名誉侵权。同时，被告瞿某某多年从事网店销售活动，应知图片一经发布即可能被不特定人群查看，商品一经上线便可能扩散到全国各地，但其仍然在网络平台发布、销售上述贴

画，造成了恶劣的社会影响，损害了社会公共利益，依法应当承担民事法律责任。该院判决瞿某某立即停止侵害英雄烈士董存瑞、黄继光名誉权的行为，即销毁库存、不得再继续销售案涉贴画，并于判决生效之日起十日内在国家级媒体公开赔礼道歉、消除影响。

三、典型意义

董存瑞、黄继光等英雄烈士的事迹和精神是中华民族共同的历史记忆和宝贵的精神财富。对英烈事迹的亵渎，不仅侵害了英烈本人的名誉权，给英烈亲属造成精神痛苦，也伤害了社会公众的民族和历史感情，损害了社会公共利益。互联网名誉侵权案件具有传播速度快、社会影响大等特点，该两案系全国首次通过互联网审理涉英烈保护民事公益诉讼案件，明确侵权结果发生地法院对互联网民事公益诉讼案件具有管辖权，有利于高效、精准打击利用互联网侵害英雄烈士权益不法行为，为网络空间注入尊崇英雄、热爱英雄、景仰英雄的法治能量。

案例二

村民私自上树摘果坠亡索赔案

——李某某等人诉某村委会违反安全保障义务责任纠纷案

核心价值：公序良俗、文明出行

一、基本案情

案涉某村为国家3A级旅游景区，不收门票，该村内河堤旁边栽种有杨梅树，该村村委会系杨梅树的所有人。杨梅树仅为观赏用途，该村委会未向村民或游客提供杨梅采摘旅游项目。吴某某系该村村民，其私自上树采摘杨梅不慎从树上跌落受伤。随后，该村委会主任拨打120救助，在急救车到来之前又有村民将吴某某送往市区医院治疗，吴某某于摔倒当日抢救无效死亡。吴某某子女李某某等人以某村委会未尽安全保障义务为由起诉该村委会承担赔偿责任共计60余万元。

二、裁判结果

广州市中级人民法院再审认为，安全保障义务内容的确定应限于管理人的管理和控制能力范围之内。案涉景区属于开放式景区，未向村民或游客提供采摘杨梅的旅游项目，杨梅树本身并无安全隐患，若要求某村委会对景区内的所有树木加以围蔽、设置警示标志或采取其他防护措施，显然超过善良管理人的注意标准。吴某某作为完全民事行为能力的成年人，应当充分预见攀爬杨梅树采摘杨梅的危险性，并自觉规避此类危险行为。吴某某私自爬树采摘杨梅，不仅违反了该村村规民约中关于村民要自觉维护村集体的各项财产利益的村民行为准则，也违反了爱护公物、文明出行的社会公德，有悖公序良俗。吴某某坠落受伤系其自身过失行为所致，某村委会难以预见并防止吴某某私自爬树可能产生的后果，不应认为某村委会未尽安全保障义务。事故发生后，某村委会亦未怠于组织救治。吴某某因私自爬树采摘杨梅不慎坠亡，后果令人痛惜，但某村委会对吴某某的死亡不存在过错，不应承担赔偿责任。

三、典型意义

本案是人民法院依职权再审改判不文明出行人自行承担损害后果的案件。再审判决旗帜鲜明地表明，司法可以同情弱者，但对于违背社会公德和公序良俗的行为不予鼓励、不予保护，如果“谁闹谁有理”“谁伤谁有理”，则公民共建文明社会的道德责任感将受到打击，长此以往，社会的道德水准将大打折扣。本案再审判决明确对吴某某的不文明出行行为做出了否定性评价，改判吴某某对坠亡后果自行担责，倡导社会公众遵守规则、文明出行、爱护公物、保护环境，共建共享与新时代相匹配的社会文明，取得了良好的社会效果。

案例三

“暗刷流量”合同无效案

——常某某诉许某网络服务合同纠纷案

核心价值：诚实守信、网络秩序

一、基本案情

许某通过微信向常某某寻求“暗刷的流量资源”，双方协商后确认常某某为许某提供网络暗刷服务，许某共向常某某支付三次服务费共计一万余元。常某某认为，根据许某指定的第三方CNZZ后台数据统计，许某还应向常某某支付流量服务费30743元。许某以流量掺假、常某某提供的网络暗刷服务本身违反法律禁止性规定为由，主张常某某无权要求支付对价，不同意支付上述款项。常某某将许某诉至北京互联网法院，请求判令许某支付服务费30743元及利息。

二、裁判结果

北京互联网法院认为，“暗刷流量”的行为违反商业道德底线，使得同业竞争者的诚实劳动价值被减损，破坏正当的市场竞争秩序，侵害了不特定市场竞争者的利益，同时也会欺骗、误导网络用户选择与其预期不相符的网络产品，长此以往，会造成网络市场“劣币驱逐良币”的不良后果，最终减损广大网络用户的利益。常某某与许某之间“暗刷流量”的交易行为侵害广大不特定网络用户的利益，进而损害了社会公共利益、违背公序良俗，其行为应属绝对无效。

“暗刷流量”的交易无效，双方当事人不得基于合意行为获得其所期待的合同利益。虚假流量业已产生，如以互相返还的方式进行合同无效的处理，无异于纵容当事人通过非法行为获益，违背了任何人不得因违法行为获益的基本法理，故对双方希望通过分担合同收益的方式，来承担合同无效后果的主张，一审法院不予支持。常某某与许某在合同履行过程中的获利，应当予以收缴。一审法院判决驳回原告常某某要求许某支付服务费30743元及利息的诉讼请求；并做出决定书，收缴常某某、许某的非法获利。一审判决做出后，双方当事人均未提起上诉，一审判决已发生法律效力。

三、典型意义

此案是全国首例涉及“暗刷流量”虚增网站点击量的案件。网络产品的真实流量能够反映出网络产品的受欢迎度及质量优劣程度，流量成为网络用户选择网络产品的重要因素。“暗刷流量”的行为违反商业道德，违背诚实信用原则，对行业正常经营秩序以及消费者的合法权益均构成侵害，有损社会公共利益。本案对“暗刷流量”交易行为的效力予以否定性评价，并给予妥当的制裁和惩戒，对治理互联网领域内的乱象有积极推动作用。

案例四

自愿赡养老人继承遗产案

——高某翔诉高甲、高乙、高丙继承纠纷案

核心价值：中华孝道

一、基本案情

高某启与李某分别系高某翔的祖父母，高某翔没有工作，专职照顾高某启与李某生活直至二人去世，高某启与李某后事由高某翔出资办理。高某启与李某去世前立下代书遗嘱，主要内容为因高某翔照顾老人，二人去世后将居住的回迁房屋送给高某翔。高甲、高乙、高丙为高某启与李某的子女，案涉回迁房屋系高某启、李某与高甲交换房产所得。高甲、高乙、高丙认为案涉代书遗嘱的代书人是高某翔的妻子，且没有见证人在场，遗嘱无效。高某翔以上述三人为被告提起诉讼，请求确认高某启、李某所立案涉遗嘱合法有效，以及确认其因继承取得案涉回迁房屋的所有权。

二、裁判结果

鞍山市中级人民法院认为，高某翔提供的代书遗嘱因代书人是高某翔的妻子，在代书遗嘱时双方是恋爱关系，这种特殊亲密的关系与高某翔取得遗产存在身份和利益上的利害关系，属于《中华人民共和国继承法》（以下简称《继承法》）第十八条规定的禁止代书人，因此其代书行为不符合代书遗嘱的法定形式要求，应属无效。本案应当按照法定继承进行处理。高某翔虽然不是法定第一顺序继承人，但其自愿赡养高某启、李某并承担了丧葬费用，根据《继承法》第十四条的规定，继承人以外的对被继承人扶养较多的人，可以分配给他们适当的遗产，高某翔可以视为第一顺序继承人。

《继承法》第十四条所规定的“适当分配遗产”，是指与非继承人所行扶养行为相适应，和其他有赡养义务的继承人所尽赡养义务相比较的适当比例。高某翔虽没有赡养祖父母的法定义务，但其能专职侍奉生病的祖父母多年直至老人病故，使老人得以安享晚年，高某翔几乎尽到了对高某启、李某两位被继承人生养死葬的全部扶养行为，这正是良好社会道德风尚的具体体现，并足以让社会、家庭给予褒奖。而本案其他继承人有能力扶养老人，但仅是在老人患病期间轮流护理，与高某翔之后数年对患病老人的照顾相比，高甲、高乙、高丙的行为不能认为尽到了扶养义务。据此，高某翔有权获得与其巨大付出相适应的继承案涉回迁房屋的权利。

三、典型意义

遗产继承处理的不仅是当事人之间的财产关系，还关系到家庭伦理和社会道德风尚，继承人应当本着互谅互让、和睦团结的精神消除误会，积极修复亲情关系，共促良好家风。本案中，高某翔虽没有赡养祖父母的法定义务，但其能专职侍奉生病的祖父母

多年直至老人病故，是良好社会道德风尚的具体体现，应当予以鼓励。本案裁判结合《继承法》的规定对高某翔的赡养行为给予高度肯定，确定了其作为非法定继承人享有第一顺位的继承权利，并结合其赡养行为对高某翔适当继承遗产的范围进行合理认定，实现了情理法的有机融合，弘扬了团结友爱、孝老爱亲的中华民族传统美德。

第三模块　实践拓展

【项目一】课堂讨论

1. 新时代践行社会主义核心价值观的重要意义。

通过课堂讨论的形式，谈谈新时代践行社会主义核心价值观的重要意义。

5～6人为一组，分小组讨论。讨论流程一般为：主题→思考→讨论→整合→总结。小组讨论结束后，每一组选一名代表总结发言。

2. 青年大学生如何做社会主义核心价值观的积极践行者？

习近平总书记指出："青年的价值取向决定了未来整个社会的价值取向。而青年又处在价值观形成和确立的时期，抓好这一时期的价值观养成十分重要。这就像穿衣服扣扣子一样，如果第一粒扣子扣错了，剩余的扣子都会扣错。人生的扣子从一开始就要扣好。青年要从现在做起、从自己做起，使社会主义核心价值观成为自己的基本遵循，并身体力行大力将其推广到全社会去。"请通过课堂讨论的形式，谈谈青年大学生如何从现在做起、从自己做起，做社会主义核心价值观的积极践行者。

5～6人为一组，分小组讨论。讨论流程一般为：主题→思考→讨论→整合→总结。小组讨论结束后，每一组选一名代表总结发言。

【项目二】延伸阅读

1. 韩震：《社会主义核心价值观五讲》，北京：人民出版社，2012年版。

2. 张维为：《中国震撼：一个"文明型"国家的崛起》，上海：上海人民出版社，2015年版。

3. 本书编写组：《西式民主怎么了》，北京：学习出版社，2014年版。

【项目三】影视推荐

1.《流浪地球》，郭帆执导，中国电影股份有限公司等出品，2019年上映。

本片根据刘慈欣同名小说改编，故事设定在2075年，讲述了太阳即将毁灭，人类生存面临绝境，人类即将开启"流浪地球"计划，试图带着地球一起逃离太阳系，寻找人类新家园的故事。影片体现了中国的亲情观念、英雄情怀、奉献精神、故土情结和国际合作理念。电影不再是一个或几个超级英雄拯救世界，而是人类共同努力改变自己的命运。这样的理念，将中国独特的思想和价值观念融入对人类未来的畅想与探讨中，拓展了人类憧憬美好未来的视野。

2.《亮剑》，陈健、张前执导，海润影视制作有限公司出品，2005 年首播。

本片讲述了革命军人李云龙富有传奇色彩的一生。“狭路相逢勇者胜！面对强大的对手，明知不敌，也要应对挑战，即使倒下，也要成为一座山、一道岭。”《亮剑》是一部战争艺术和传奇色彩融会贯通的主旋律作品。剧中，爱国精神与英雄主义、铁血丹心与人世常情、斗智与斗勇、友情与爱情交相辉映，充分展现了解放军战士的军事素养和朴素的军人素质。

3.《士兵突击》，康红雷执导，八一电影制片厂、北京华谊兄弟影视投资有限公司联合出品，2006 年首播。

本片讲述了一个农村出身的普通士兵许三多的成长经历。记载了普通士兵的心路历程，讲述了现代中国军人“不抛弃不放弃”的信念，展现了中国军人在火与血的历程中所凝练出的人在阵地在精神、战旗不倒精神、为了胜利向我开炮精神、神仙湾哨所精神。

【项目四】“我学习·我践行”社会主义核心价值观演讲比赛

1. 实践主题。

通过开展“我学习·我践行”社会主义核心价值观演讲比赛，引导同学们践行“富强、民主、文明、和谐、自由、平等、公正、法治、爱国、敬业、诚信、友善”24 字社会主义核心价值观，传播正能量，大力推动社会主义核心价值观体系建设，努力践行为人民服务宗旨，引导大学生将社会主义核心价值观内化于心、外化于行，营造校园文明之风，推进社会主义核心价值观落地生根。

2. 实践过程。

（1）任课教师提前两周告知学生根据实践主题写好一篇 1000 字左右的演讲稿，做好演讲准备。

（2）由 8～10 名学生与任课教师组成评委团。

（3）学生上台演讲。

（4）评委团打分、教师点评。

3. 评分标准。

（1）比赛规则。

①演讲时间：4～6 分钟。

②使用普通话脱稿演讲，仪态自然大方，着装规范。

（2）评分细则（满分 100 分）。

评价项目	评价要点
演讲内容（40 分）	1. 演讲内容紧扣主题，观点正确、鲜明，见解独到，内容充实具体，生动感人（10 分）
	2. 材料真实、典型、新颖，事迹感人、生动，具有时代精神（10 分）
	3. 讲稿结构严谨，构思巧妙，引人入胜（10 分）
	4. 语言简练，具有较强的思想性（10 分）
语言表达（30 分）	1. 脱稿演讲，语言规范，吐字清晰，声音洪亮（10 分）
	2. 演讲表达准确、流畅、自然（10 分）
	3. 语速恰当，语气、语调、音量、节奏张弛有度，符合演讲稿思想情感的起伏变化（10 分）
形象风度（10 分）	精神饱满，仪态大方，能较好地运用动作、手势、表情表达对演讲稿的理解
综合印象（10 分）	演讲者衣着得体大方，举止自然，演讲具有感染力
其他（10 分）	演讲者能营造较好的演讲效果，能较好地调动听众的情绪，演讲时间为 4～6 分钟

第四模块　自测练习

一、单项选择题

1. 人类社会发展的历史表明，对一个民族、一个国家来说，最持久、最深层的力量是（　　）。

A. 全社会共同认可的核心价值观　　B. 文明的发展水平

C. 科技发展的水平　　D. 生产力的发展水平

2. 在一个社会的思想观念体系中处于主导地位，体现着社会制度、社会运行的基本原则和社会发展的基本方向，集中体现一定社会形态社会性质的是（　　）。

A. 社会意识　　B. 法律法规

C. 核心价值观　　D. 核心价值体系

3. 社会主义核心价值观把涉及国家、社会、公民的价值要求融为一体，体现了社会主义本质要求，继承了中华优秀传统文化，吸收了世界文明有益成果，体现了时代精神，是对我们（　　）。

A. 要建设什么样的国家、建设什么样的社会、培育什么样的公民等重大问题

的深刻解答

B. 要建设什么样的社会主义、怎样建设社会主义的重大问题的深刻解答

C. 要建设什么样的现代化、怎样实现现代化的重大问题的深刻解答

D. 要实现什么样的发展、怎样发展的重大问题的深刻解答

4. 社会主义核心价值体系的精神内核是（ ）。

A. 马克思主义指导思想　　B. 中国精神

C. 社会主义荣辱观　　D. 社会主义核心价值观

5. 中国特色社会主义的铸魂工程是（ ）。

A. 在全社会大力弘扬社会主义核心价值观

B. 在全社会大力弘扬社会主义核心价值体系

C. 在全社会大力弘扬集体主义

D. 在全社会大力弘扬社会主义荣辱观

6. 社会主义核心价值观分为三个层次，其中属于国家层面的价值观是（ ）。

A. 自由、平等、公正、法治　　B. 富强、民主、文明、和谐

C. 爱国、敬业、诚信、友善　　D. 富强、平等、敬业、法治

7. 社会主义核心价值观里面，属于个人层面的价值观是（ ）。

A. 自由、平等、公正、法治　　B. 富强、民主、文明、和谐

C. 爱国、敬业、诚信、友善　　D. 富强、平等、敬业、法治

8. 社会主义核心价值观里面，属于社会层面的价值观是（ ）。

A. 自由、平等、公正、法治　　B. 富强、民主、文明、和谐

C. 爱国、敬业、诚信、友善　　D. 富强、平等、敬业、法治

9. 坚定的核心价值观自信，是中国特色社会主义道理自信、理论自信、制度自信和文化自信的（ ）。

A. 价值内核　　B. 根本依据

C. 价值尺度　　D. 价值遵循

10. （ ）通过宪法修正法案，正式将社会主义核心价值观写入宪法。

A. 十九届全国人大一次会议

B. 十三届全国人大三次会议

C. 十九届全国人大三次会议

D. 十三届全国人大一次会议

11. 文化软实力的竞争，本质上是不同文化所代表的（ ）的竞争。

A. 文化力量　　B. 优秀传统

C. 核心价值观　　D. 文化影响力

12. 涵养社会主义核心价值观的重要源泉是（ ）。

A. 中华优秀传统文化　　B. 世界先进文化

C. 中华传统文化　　D. 解放思想、实事求是

13. 任何一种价值观都不可能凭空产生，总是有其特定的历史底蕴和精神脉络。社会主义核心价值观不是无源之水、无本之木，它历史底蕴的集中体现是（ ）。

A. 深深地根植于中华优秀传统文化

B. 深深地根植于马克思主义理论

C. 深深地根植于中华革命道德

D. 深深地根植于中国特色社会主义文化

14. 习近平总书记指出："一个民族、一个国家的核心价值观必须同这个民族、这个国家的历史文化相契合，同这个民族、这个国家的人民正在进行的奋斗相结合，同这个民族、这个国家需要解决的时代问题相适应。"这表明社会主义核心价值观的现实基础是（　　）。

A. 中华优秀传统文化　　B. 中国特色社会主义建设实践

C. 先进性、人民性和适应性　　D. 强大的道义力量

15. 只有建立共同的价值目标，一个国家和民族才会有赖以维系的精神纽带，才会有统一的意志和行动，才会有强大的凝聚力，因此，社会主义核心价值观是（　　）。

A. 提高国家文化软实力的迫切需求

B. 坚持和发展中国特色社会主义的价值遵循

C. 增进社会团结和谐的最大公约数

D. 实现中华民族伟大复兴的价值支撑

16.《共产党宣言》庄严指出："过去的一切运动都是少数人的，或者为少数人谋利益的运动。无产阶级的运动是绝大多数人的，为绝大多数人谋利益的独立的运动。"这体现了社会主义核心价值观的（　　）。

A. 先进性　　B. 人民性　　C. 真实性　　D. 广泛性

17. 人民当家作主的社会主义制度，为社会主义核心价值观的真正实现奠定了根本的制度前提和制度保障，使得"自由、民主、公正"等价值观"不是装饰品，不是用来做摆设的，而是要用来解决人民要解决的问题的"。这体现的是社会主义核心价值观具有的（　　）。

A. 先进性　　B. 人民性　　C. 普适性　　D. 真实性

18. 社会主义核心价值观是当代中国精神的集中体现，凝结着全体人民共同的价值追求。社会主义核心价值观的根本特性是（　　）。

A. 先进性　　B. 人民性　　C. 普适性　　D. 真实性

19. 真理的力量加上道义的力量，才能行之久远。社会主义核心价值观以其先进性、人民性和真实性居于人类社会的价值制高点，具有强大的道义力量。社会主义核心价值观的先进性体现在（　　）。

A. 它是社会主义核心价值观的重要源泉

B. 它代表的是最广大人民的根本利益，反映的是最广大人民的价值追求

C. 它不是用来做摆设的，而是要解决人民要解决的问题

D. 它是社会主义制度所坚持和追求的核心价值理念

20. 将社会主义核心价值观写入宪法，这就在制度层面使得社会主义核心价值观成为真切、具体、广泛的现实。这体现了（　　）。

A. 社会主义核心价值观的人民性

B. 社会主义核心价值观的先进性

C. 社会主义核心价值观的道义力量源于阶级性

D. 社会主义核心价值观的道义力量源于真实性

21. 2020年5月8日，习近平总书记在党内外人士座谈会上谈道：“在疫情防控斗争中，我们弘扬社会主义核心价值观，全国各族人民风雨同舟、和衷共济，爱国主义、集体主义、社会主义精神广为弘扬，涌现出大批英雄模范，铸就起团结一心、众志成城的强大精神防线，充分展示了加强社会主义精神文明建设、弘扬社会主义核心价值观的重大意义，充分展示了中华优秀传统文化的强大力量。”疫情防控阻击战取得的重大战略成果再一次说明，我们有充分的理由坚定核心价值观自信，这是因为社会主义核心价值的根本特性是（　　）。

A. 普适性　　B. 先进性　　C. 人民性　　D. 真实性

22. 习近平总书记指出：“这就像穿衣服扣扣子一样，如果第一粒扣子扣错了，剩余的扣子都会扣错。人生的扣子从一开始就要扣好。”扣好第一粒扣子，强调的是（　　）。

A. 青年人要及时确立学习目标

B. 青年人要及时养成正确的价值观

C. 青年人要及时培养兴趣爱好

D. 青年人应时刻注意仪容仪表

23. “天下难事，必作于易；天下大事，必作于细。”下列选项中与这句话意思相近的是（　　）。

A. 滴水石穿，久久为功　　B. 见善则迁，有过则改

C. 韦编三绝，悬梁刺股　　D. 激浊扬清，抑恶扬善

24. 2014年5月4日，习近平总书记来到北京大学与师生座谈，他强调：广大青年树立和培育社会主义核心价值观，必须做好四点：要勤学，下得苦功夫，求得真学问；要修德，加强道德修养，注重道德实践；要明辨，善于明辨是非，善于决断选择；要笃实，扎扎实实干事，踏踏实实做人。下列名言与“要明辨，善于明辨是非”意义一致的是（　　）。

A. 圣人是肯做工夫的庸人，庸人是不肯做工夫的圣人

B. 非学无以广才，非志无以成学

C. 若无德，则虽体魄智力发达，适足助其为恶

D. 耳不能别清浊之声则谓之聋

25. 青年大学生要扣好人生的第一粒扣子，勤学、修德、明辨、笃实，做社会主义核心价值观的积极践行者。下列名言与“笃实”意义一致的是（　　）。

A. 圣人是肯做工夫的庸人，庸人是不肯做工夫的圣人

B. 非学无以广才，非志无以成学

C. 若无德，则虽体魄智力发达，适足助其为恶

D. 耳不能别清浊之声则谓之聋

二、多项选择题

1. 人类社会发展的历史表明，对一个民族、一个国家来说，最持久、最深层的力量是全社会共同认可的核心价值观。核心价值观是（　　）。

A. 文化软实力的灵魂

B. 文化软实力的建设重点

C. 决定文化性质和方向的最深层次要素

D. 推动人类社会发展的第一动力

2. 人类社会发展的历史表明，对一个民族、一个国家来说，最持久、最深层的力量是全社会共同认可的核心价值观。面对世界范围思想文化交流、交融、交锋形势下价值观较量的新态势，面对改革开放和发展社会主义市场经济条件下思想意识多元、多样、多变的新特点，积极培育和践行社会主义核心价值观，有利于（　　）。（2015 年全国硕士研究生入学考试政治真题）

A. 巩固马克思主义在意识形态领域的指导地位

B. 巩固全党全国人民团结奋斗的共同思想基础

C. 促进人的全面发展和引领社会全面进步

D. 集聚实现中华民族伟大复兴中国梦的强大正能量

3. 2018 年 3 月，十三届全国人民代表大会第一次会议通过宪法修正案，把国家倡导社会主义核心价值观正式写入宪法，进一步凸显了社会主义核心价值观的重大意义。社会主义核心价值观是（　　）。（2019 年全国硕士研究生入学考试政治真题）

A. 坚持和发展中国特色社会主义的价值遵循

B. 构建人类命运共同体的行动指南

C. 提高国家文化软实力的迫切要求

D. 增加社会团结和谐的最大公约数

4. 价值观是一定社会形态社会性质的集中体现，在一个社会的思想观念体系中处于主导地位，体现着社会制度、社会运行的基本原则和社会发展的基本方向。下列说法正确的是（　　）。

A. 对一个民族和国家而言，全社会共同认可的核心价值观是最持久、最深层的力量

B. 社会主义核心价值观是当代中国精神的集中体现

C. 社会主义核心价值观凝结着中国全体人民的共同价值追求

D. 核心价值观的影响力和感召力影响着国家文化软实力

5. 党的十八大提出积极培育和践行社会主义核心价值观。这是因为社会主义核心价值观（　　）。

A. 是中国共产党凝聚全党全社会价值共识做出的重要论断

B. 与中华优秀传统文化一脉相承

C. 与中国特色社会主义发展要求相契合

D. 与人类文明优秀成果相承接

6. 核心价值观和核心价值体系，是决定社会文化性质和方向的最深层次要素，是一个国家的重要稳定器。社会主义核心价值观（　　）。

A. 是社会主义核心价值体系的精神内核

B. 体现了社会主义核心价值体系的根本性质和基本特征

C. 反映了社会主义核心价值体系的丰富内涵和实践要求

D. 是社会主义核心价值体系的集中表达

7. 社会主义核心价值观与社会主义核心价值体系具有内在一致性，主要表现为（　　）。

A. 都体现了社会主义意识形态的本质要求

B. 都体现了社会主义制度在思想和精神层面的质的规定性

C. 都是建设中国特色社会主义现代化强国的价值引领

D. 回答建设什么样的国家、建设什么样的社会、培育什么样的公民等问题

8. 自由、平等、公正、法治，这一价值追求涵盖了（　　）等方面。

A. 社会公德　　B. 职业道德

C. 家庭美德　　D. 个人品德

9. 培育和践行社会主义核心价值观，用最简洁的语言介绍和说明中国，（　　）。

A. 有利于增进国际社会对中国的理解，扩大中华文化影响力

B. 有利于增强社会主义意识形态的竞争力

C. 有利于提高我国的文化软实力

D. 有利于增强国家竞争力，力助中国屹立于世界强国之列

10. 习近平总书记在党的十九大报告中强调：“‘四个自信’是中国特色社会主义的重大理论创新，也是实现中华民族伟大复兴中国梦的精神动力。”“四个自信”是指（　　）。

A. 道路自信　　B. 国家自信

C. 制度自信　　D. 文化自信

11. 坚定的社会主义核心价值观自信，是中国特色社会主义“四个自信”的价值内核。我们之所以有坚定的社会主义核心价值观自信，是因为（　　）。

A. 中国特色社会主义建设是社会主义核心价值观的实践根据

B. 社会主义核心价值观具有先进性、人民性和真实性

C. 中华优秀传统文化是涵养社会主义核心价值观的重要源泉

D. 培育和弘扬社会主义核心价值观，必须立足于当今时代的中华民族所进行的中国特色社会主义建设实践

12. 社会主义核心价值观的历史底蕴表现在（　　）。

A. 根植于中国优秀传统文化

B. 中华优秀传统文化是涵养社会主义核心价值观的重要源泉

C. 是社会主义核心价值观历史底蕴的集中体现

D. 培育和弘扬社会主义核心价值观，必须坚持历史唯物主义立场

13. 真理的力量加上道义的力量，才能行之久远。社会主义核心价值观以其先进性、人民性和真实性而居于人类社会的制高点，具有强大的道义力量。这是因为社会主

义核心价值观（　　）。

A. 是社会主义制度所坚持和追求的核心价值理念

B. 所代表的是最广大人民的根本利益，反映的是最广大人民的价值诉求

C. 深深地根植于中华优秀传统文化

D. 是要用来解决人民要解决的问题的

14. 大国之大，不仅在于国土疆域之广、经济总量之大、军事实力之强，更在于文化底蕴之深、精神力量之强。习近平总书记指出："实现中华民族伟大复兴的中国梦，物质财富要极大丰富，精神财富也要极大丰富。"社会主义核心价值观能成为中华民族伟大复兴道路上的精神引领，居于人类社会的价值制高点，是因为社会主义核心价值观具有（　　）。

A. 先进性　　B. 超越性　　C. 人民性　　D. 真实性

15. 社会主义核心价值观的道义力量，体现在（　　）。

A. 它是社会主义制度所坚持和追求的核心价值理念

B. 它是一定社会形态社会性质的集中体现，在整个上层建筑中处于主导地位

C. 它代表最广大人民的根本利益

D. 它是用来解决人民要解决的问题的

16. 2020 年 5 月 8 日，习近平总书记在党内外人士座谈会上谈道："在疫情防控斗争中，我们弘扬社会主义核心价值观，全国各族人民风雨同舟、和衷共济，爱国主义、集体主义、社会主义精神广为弘扬，涌现出大批英雄模范，铸就起团结一心、众志成城的强大精神防线，充分展示了加强社会主义精神文明建设、弘扬社会主义核心价值观的重大意义，充分展示了中华优秀传统文化的强大力量。"疫情防控阻击战取得的重大战略成果再一次说明，我们有充分的理由坚定核心价值观自信，这是因为社会主义核心价值观有（　　）。

A. 丰富的历史底蕴　　B. 坚实的现实基础

C. 强大的道义力量　　D. 广泛的国际基础

17. 历史和现实都告诉我们，只要不断培育和践行社会主义核心价值观，始终继承和弘扬中华优秀传统文化，我们就一定能够建设好全国各族人民的精神家园，筑牢中华儿女团结奋进、一往无前的思想基础。这是因为社会主义核心价值观是当代中国发展进步的精神指引，是（　　）。

A. 维护文化多样性的价值引领

B. 坚持和发展中国特色社会主义的价值遵循

C. 提高国家文化软实力的迫切要求

D. 增加社会团结和谐的最大公约数

18. "一种价值观要真正发挥作用，必须融入社会生活，让人们在实践中感知它、领悟它。"这就要求在培育和弘扬社会主义核心价值观的过程中，下好落细、落小、落实的功夫，使社会主义核心价值观成为一言一行的基本遵循。对于大学生而言，就是要切实做到（　　）。

A. 勤学　　B. 修德　　C. 明辨　　D. 笃实

19. 2014 年 5 月 4 日，习近平总书记在北京大学考察时提出：青年时期的价值观养成十分重要。人生的扣子从一开始就要扣好。2019 年 3 月 18 日，习近平总书记在学校思想政治理论课教师座谈会上再次强调："要给学生心灵埋下真善美的种子，引导学生扣好人生第一粒扣子。"习近平总书记之所以反复强调要扣好人生第一粒扣子，是因为（　　）。

A. 有什么样的价值观就有什么样的人生观，而人生观又决定世界观

B. 青年的价值取向决定了未来整个社会的价值取向

C. 青年人成长成才和全面发展离不开正确价值观的引领

D. 青年处在价值观形成和确立的时期，最需要精心引导和栽培

25. 习近平总书记在纪念五四运动 100 周年大会上的讲话中指出："青年是整个社会力量中最积极、最有生气的力量，国家的希望在青年，民族的未来在青年。"新时代中国青年要（　　）。

A. 自觉培育和践行社会主义核心价值观

B. 善于从中华民族传统美德中汲取道德滋养

C. 从英雄人物和时代楷模中感受道德风范

D. 从自身内省中提高道德修为

三、判断正误并陈述理由

1. 富强、民主、文明、和谐，这一价值追求回答了我们要建设什么样的社会的重大问题。

2. 中国特色社会主义建设实践是社会主义核心价值观的坚实底蕴。

3. 人民当家作主的社会主义制度，体现了社会主义核心价值观的人民性，使得社会主义核心价值观具有强大的道义感召力。

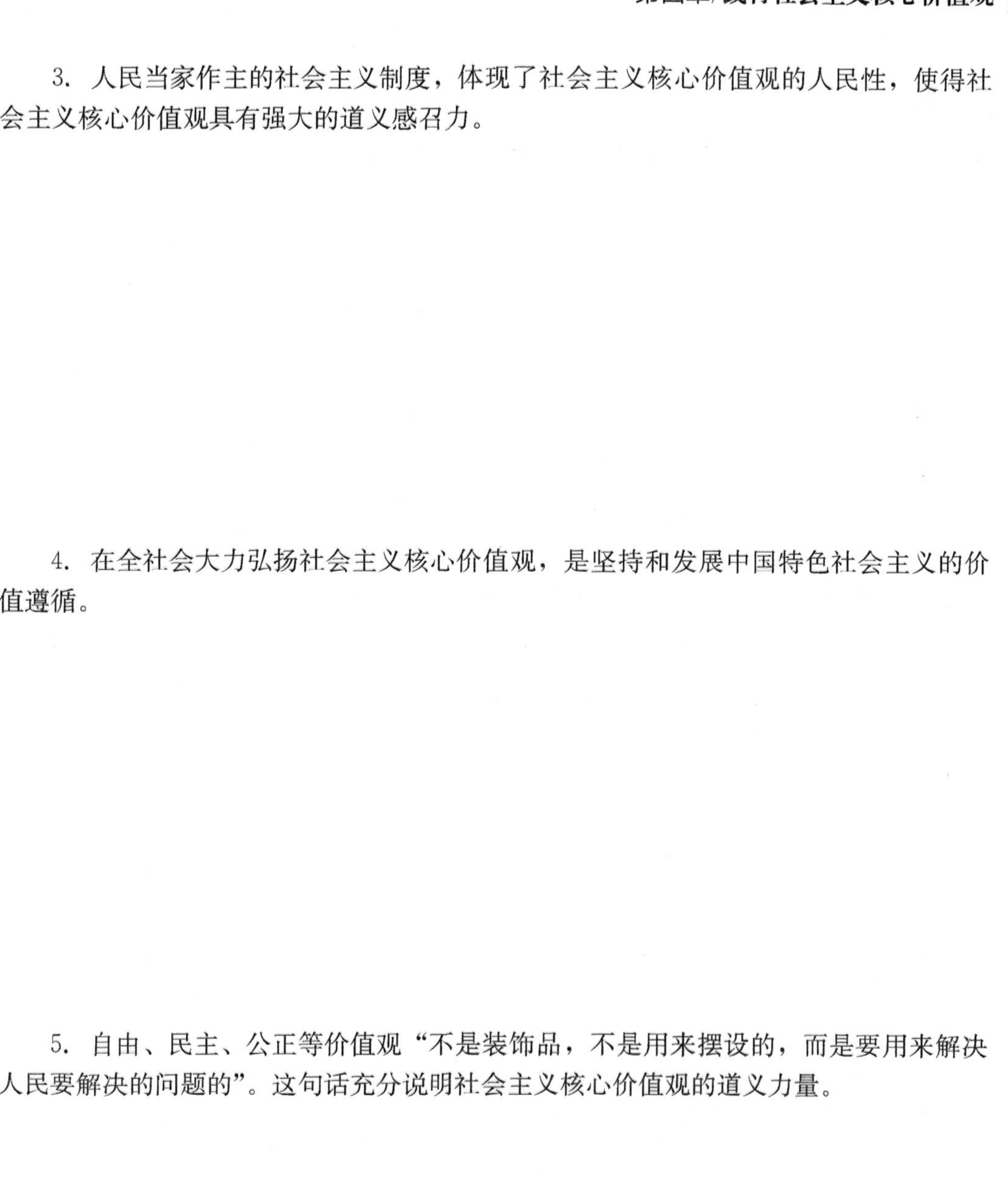

4. 在全社会大力弘扬社会主义核心价值观，是坚持和发展中国特色社会主义的价值遵循。

5. 自由、民主、公正等价值观“不是装饰品，不是用来摆设的，而是要用来解决人民要解决的问题的”。这句话充分说明社会主义核心价值观的道义力量。

四、简答题

1. 简述社会主义核心价值观与社会主义核心价值体系的辩证关系。

2. 简述社会主义核心价值观的具体内涵。

3. 简述社会主义核心价值观的历史底蕴。

4. 简述社会主义核心价值观的现实基础。

5. 简述社会主义核心价值观的道义力量。

五、论述题

1. 为什么说社会主义核心价值观是当代中国发展进步的精神指引?

2. 青年大学生如何扣好人生的第一粒扣子，做社会主义核心价值观的积极践行者？

六、材料分析题

1. 结合材料回答问题。

2019年9月29日，中华人民共和国国家勋章和国家荣誉称号颁授仪式在人民大会堂隆重举行。95岁的老英雄张富清是受表彰者之一。

张富清是原西北野战军战士，在解放战争的枪林弹雨中，九死一生，先后荣立特等功一次、一等功三次、二等功一次，"战斗英雄"称号两次。1955年，他退役转业，主动选择到湖北省最偏远的来凤县工作，先后任城关粮油所主任，三胡区副区长、区长，建行来凤支行副行长等职务，直至在此岗位上离休。

对工作，他脚踏实地，担当奉献，想群众之所想，急群众之所急，他推动水电站建设，让山村进入"电力时代"；他牵头办起桐油和茶叶基地、牧场，群众生活明显改善；他与群众一起，找水源修道路，解决群众出行难、吃水难的问题……

对待战功荣誉，他刻意隐瞒，连自己的儿女都不知情。如果不是2018年一次退役军人的信息采集，他的事迹可能依旧无人知晓。

很多人不禁好奇，张富清为何一辈子深藏功与名？为何在平凡岗位上如此低调奉献却甘之如饴？他在回答记者提问时说："和我并肩作战的战友，献出了自己宝贵的生命，和牺牲的战友相比，我有什么资格张扬呢？我和战友们跟着党奋斗的目标是为了建设新中国，就是为了人民能走上幸福美满的道路，这一切都是我应该做的。"

正是有这样的信念，他在每一次的战斗中都要担任"突击队员"；正是有这样的信念，他放弃留在大城市。他的岗位、身份一再改变，始终不变的，是他的赤子之心。

新中国70年的不凡岁月中，闪耀着一个个光辉的名字，一段段感人的故事。他们不懈奋斗的精神和忠诚、执着、朴实的鲜明品格，是亿万中华儿女的榜样，激励我们在追梦之路上砥砺前行。

——摘编自谭元斌《张富清：紧跟党走，做党的好战士》等[①]

（2020年全国硕士研究生入学考试政治真题）

---

① 谭元斌：《张富清：紧跟党走，做党的好战士》，http://www.xinhuanet.com/politics/2019－09/21/c_1125023030.htm；赵兵：《中华人民共和国国家勋章和国家荣誉称号颁授仪式在京隆重举行》，《人民日报》2019年9月30日。

（1）结合张富清高尚的追求，说明理想信念的力量。[①]

（2）国家颁发国家勋章和国家荣誉称号，对在全社会弘扬和践行社会主义核心价值观有何重要意义？

2. 结合材料回答问题。

材料 1

2014 年 5 月 4 日，中共中央总书记、国家主席、中央军委主席习近平在北京大学考察。

在北京大学师生座谈会上，习近平总书记强调青年要自觉践行社会主义核心价值观。习近平总书记指出：人类社会发展的历史表明，对一个民族、一个国家来说，最持久、最深层的力量是全社会共同认可的核心价值观。核心价值观，承载着一个民族、一个国家的精神追求，体现着一个社会评判是非曲直的价值标准。国无德不兴，人无德不立。如果一个民族、一个国家没有共同的核心价值观，莫衷一是，行无依归，那这个民族、这个国家就无法前进。这样的情形，在我国历史上，在当今世界上，都屡见不鲜。习近平总书记进一步强调：我们提出的社会主义核心价值观，把涉及国家、社会、公民

① 注：全国硕士研究生入学考试真题中，涉及《思想道德修养与法律基础》的试题均是综合性考察学生的知识掌握情况，故编者未改动此题，请同学们结合第二章坚定理想信念回答第一题。

的价值要求融为一体，既体现了社会主义本质要求，继承了中华优秀传统文化，也吸收了世界文明有益成果，体现了时代精神。

——摘编自习近平《青年要自觉践行社会主义核心价值观——在北京大学师生座谈会上的讲话》①

材料 2

中共中央政治局2月24日下午就培育和弘扬社会主义核心价值观、弘扬中华传统美德进行第十三次集体学习。中共中央总书记习近平在主持学习时强调，培育和弘扬社会主义核心价值观必须立足中华优秀传统文化。牢固的核心价值观，都有其固有的根本。抛弃传统、丢掉根本，就等于割断了自己的精神命脉。博大精深的中华优秀传统文化是我们在世界文化激荡中站稳脚跟的根基。中华文化源远流长，积淀着中华民族最深层的精神追求，代表着中华民族独特的精神标识，为中华民族生生不息、发展壮大提供了丰厚滋养。中华传统美德是中华文化精髓，蕴含着丰富的思想道德资源。不忘本来才能开辟未来，善于继承才能更好创新。对历史文化特别是先人传承下来的价值理念和道德规范，要坚持古为今用、推陈出新，有鉴别地加以对待，有扬弃地予以继承，努力用中华民族创造的一切精神财富来以文化人、以文育人。

习近平总书记指出，要讲清楚中华优秀传统文化的历史渊源、发展脉络、基本走向，讲清楚中华文化的独特创造、价值理念、鲜明特色，增强文化自信和价值观自信。要认真汲取中华优秀传统文化的思想精华和道德精髓，大力弘扬以爱国主义为核心的民族精神和以改革创新为核心的时代精神，深入挖掘和阐发中华优秀传统文化讲仁爱、重民本、守诚信、崇正义、尚和合、求大同的时代价值，使中华优秀传统文化成为涵养社会主义核心价值观的重要源泉。要处理好继承和创造性发展的关系，重点做好创造性转化和创新性发展。

——摘编自《习近平：把培育和弘扬社会主义核心价值观作为凝魂聚气强基固本的基础工程》②

（1）培育和弘扬社会主义核心价值观的重大意义何在？

① 习近平：《青年要自觉践行社会主义核心价值观——在北京大学师生座谈会上的讲话》，http://www.xinhuanet.com/politics/2014-05/05/c_1110528066.htm。

② 《习近平：把培育和弘扬社会主义核心价值观作为凝魂聚气强基固本的基础工程》，《人民日报》2014年2月26日。

（2）如何理解“培育和弘扬社会主义核心价值观必须立足中华优秀传统文化”?

第五章　明大德守公德严私德

第一模块　学习引导

广大青年要把正确的道德认知、自觉的道德养成、积极的道德实践紧密结合起来，自觉树立和践行社会主义核心价值观，带头倡导良好社会风气。加强思想道德修养，积极倡导社会公德、职业道德、家庭美德，在社会主义道德建设中正确对待优秀道德成果，在践行公民道德准则中向上向善。

一、学习目标

1. 了解并掌握道德的起源、本质、功能和作用。
2. 深刻理解中华传统美德的具体内涵。
3. 深刻理解中国革命道德的具体内涵。
4. 掌握公民应该遵守的道德准则。
5. 深入了解如何知行合一，践行道德规范。

二、知识结构

- 明大德守公德严私德
  - 道德及其变化发展
    - 内涵
    - 功能与作用
    - 变化与发展
  - 吸收借鉴优秀道德成果
    - 传承中华传统美德
    - 发扬中国革命道德
    - 借鉴人类文明优秀道德成果
  - 遵守公民道德准则
    - 社会公德
    - 职业道德
    - 家庭美德
    - 个人品德
  - 向上行善、知行合一
    - 向道德模范学习
    - 参与志愿服务活动
    - 引领社会风尚

三、学习重难点

1. 道德的本质、功能和作用。
2. 中华传统美德与中国革命道德的主要内容。
3. 社会主义道德的核心和原则。
4. 公民应该遵守的道德准则。

第二模块　经典导读

【经典导读一】

在全国劳动模范和先进工作者表彰大会上的讲话①

（2020 年 11 月 24 日）

习近平

同志们：

今天，我们隆重召开大会，表彰全国劳动模范和先进工作者，激励全党全国各族人民弘扬劳模精神，在决胜全面建成小康社会、决战脱贫攻坚取得决定性成就的基础上，乘风破浪，开拓进取，为全面建设社会主义现代化国家、实现第二个百年奋斗目标而继续奋斗。

首先，我代表党中央、国务院，向受到表彰的全国劳动模范和先进工作者，表示热烈的祝贺！向为改革开放和社会主义现代化建设作出突出贡献的我国工人阶级和广大劳动群众，致以诚挚的问候！

劳动模范是民族的精英、人民的楷模，是共和国的功臣。我国是人民当家作主的社会主义国家，党和国家始终坚持全心全意依靠工人阶级方针，始终高度重视工人阶级和广大劳动群众在党和国家事业发展中的重要地位，始终高度重视发挥劳动模范和先进工作者的重要作用。

1950 年党和国家首次表彰劳动模范 70 年来，在党的领导下，我国工人阶级和广大劳动群众与祖国同成长、与时代齐奋进，奏响了“咱们工人有力量”的主旋律，各条战线英雄辈出、群星灿烂。特别是进入新时代以来，我国工人阶级和广大劳动群众在实现中国梦伟大进程中拼搏奋斗、争创一流、勇攀高峰，为决胜全面建成小康社会、决战脱贫攻坚发挥了主力军作用，用智慧和汗水营造了劳动光荣、知识崇高、人才宝贵、创造伟大的社会风尚，谱写了“中国梦·劳动美”的新篇章。

---

① 习近平：《在全国劳动模范和先进工作者表彰大会上的讲话》，http://m.xinhuanet.com/2020-11/24/c_1126781907.htm。

今年以来，面对突如其来的新冠肺炎疫情，我国工人阶级和广大劳动群众响应党中央号召，风雨同舟、众志成城，积极投身疫情防控的人民战争、总体战、阻击战，为全国抗疫斗争取得重大战略成果、统筹疫情防控和经济社会发展工作取得积极成效作出了突出贡献，充分展现了中国人民和中华民族的伟大力量。在这场抗击疫情的雄壮斗争中，产生出一大批劳动模范和先进工作者，他们同全国各族人民一道，铸就了生命至上、举国同心、舍生忘死、尊重科学、命运与共的伟大抗疫精神，不愧为新时代最美奋斗者！

同志们！

当今世界正经历百年未有之大变局，我国正处于实现中华民族伟大复兴的关键时期。经过长期奋斗，我国经济实力、科技实力、综合国力跃上新的大台阶，人民生活水平显著提高，决胜全面建成小康社会、决战脱贫攻坚胜利在望，中华民族伟大复兴向前迈出了新的一大步。

从 2021 年开始，我国将进入“十四五”时期，这是乘势而上开启全面建设社会主义现代化国家新征程、向第二个百年奋斗目标进军的第一个五年。立足新发展阶段，贯彻新发展理念，构建新发展格局，推动高质量发展，在危机中育先机、于变局中开新局，必须紧紧依靠工人阶级和广大劳动群众，开启新征程，扬帆再出发。

第一，大力弘扬劳模精神、劳动精神、工匠精神。“不惰者，众善之师也。”在长期实践中，我们培育形成了爱岗敬业、争创一流、艰苦奋斗、勇于创新、淡泊名利、甘于奉献的劳模精神，崇尚劳动、热爱劳动、辛勤劳动、诚实劳动的劳动精神，执着专注、精益求精、一丝不苟、追求卓越的工匠精神。劳模精神、劳动精神、工匠精神是以爱国主义为核心的民族精神和以改革创新为核心的时代精神的生动体现，是鼓舞全党全国各族人民风雨无阻、勇敢前进的强大精神动力。

社会主义是干出来的，新时代是奋斗出来的。这次受到表彰的全国劳动模范和先进工作者，是千千万万奋斗在各行各业劳动群众中的杰出代表。他们在平凡的岗位上创造了不平凡的业绩，以实际行动诠释了中国人民具有的伟大创造精神、伟大奋斗精神、伟大团结精神、伟大梦想精神。希望大家珍惜荣誉、保持本色，谦虚谨慎、戒骄戒躁，继续发挥示范带头作用。

劳动是一切幸福的源泉。新形势下，我国工人阶级和广大劳动群众要继续学先进赶先进，自觉践行社会主义核心价值观，用劳动模范和先进工作者的崇高精神和高尚品格鞭策自己，焕发劳动热情，厚植工匠文化，恪守职业道德，将辛勤劳动、诚实劳动、创造性劳动作为自觉行为。各级党委和政府要尊重劳模、关爱劳模，贯彻好尊重劳动、尊重知识、尊重人才、尊重创造方针，完善劳模政策，提升劳模地位，落实劳模待遇，推动更多劳动模范和先进工作者竞相涌现。全社会要崇尚劳动、见贤思齐，加大对劳动模范和先进工作者的宣传力度，讲好劳模故事、讲好劳动故事、讲好工匠故事，弘扬劳动最光荣、劳动最崇高、劳动最伟大、劳动最美丽的社会风尚。要开展以劳动创造幸福为主题的宣传教育，把劳动教育纳入人才培养全过程，贯通大中小学各学段和家庭、学校、社会各方面，教育引导青少年树立以辛勤劳动为荣、以好逸恶劳为耻的劳动观，培养一代又一代热爱劳动、勤于劳动、善于劳动的高素质劳动者。

第二，充分发挥工人阶级和广大劳动群众主力军作用。人民是历史的创造者。工人阶级是我国的领导阶级，是先进生产力和生产关系的代表，是坚持和发展中国特色社会主义的主力军。全面建设社会主义现代化国家，符合全国各族人民根本利益和共同愿望，我国工人阶级和广大劳动群众要坚定不移听党话、矢志不渝跟党走，当好主人翁，建功新时代。

我国工人阶级和广大劳动群众是国家的主人，要加强政治理论学习，加强党史、新中国史、改革开放史、社会主义发展史学习，自觉做中国特色社会主义的坚定信仰者、忠实实践者。要发扬优良传统，承担历史使命，把党和国家确定的奋斗目标作为自己的人生目标，以民族复兴为己任，自觉把人生理想、家庭幸福融入国家富强、民族复兴的伟业之中，做新时代的追梦人。要立足党和国家各项事业发展全局，立足党中央对改革发展稳定各项工作的决策部署，围绕国家重大战略、重大工程、重大项目、重点产业，广泛深入持久开展劳动和技能竞赛，积极参加群众性创新活动，汇聚起众志成城的磅礴力量。要增强历史使命感和责任感，深刻认识国家好、民族好大家才会好，正确处理个人和集体、当前和长远、局部和整体的利益关系，自觉维护大局、服务大局，最大限度增加和谐因素、最大限度减少不和谐因素。要深刻认识团结就是力量、团结才能前进的道理，发扬团结协作、互助友爱的精神，加强工人阶级的团结，加强工人阶级同其他劳动群众的团结，坚定战胜各种困难的信心和决心，始终做党执政的坚实依靠力量。

第三，努力建设高素质劳动大军。劳动者素质对一个国家、一个民族发展至关重要。当今世界，综合国力的竞争归根到底是人才的竞争、劳动者素质的竞争。我国工人阶级和广大劳动群众要树立终身学习的理念，养成善于学习、勤于思考的习惯，实现学以养德、学以增智、学以致用。要适应新一轮科技革命和产业变革的需要，密切关注行业、产业前沿知识和技术进展，勤学苦练、深入钻研，不断提高技术技能水平。要完善现代职业教育制度，创新各层次各类型职业教育模式，为劳动者成长创造良好条件。技术工人是支撑中国制造、中国创造的重要基础。要完善和落实技术工人培养、使用、评价、考核机制，提高技能人才待遇水平，畅通技能人才职业发展通道，完善技能人才激励政策，激励更多劳动者特别是青年人走技能成才、技能报国之路，培养更多高技能人才和大国工匠。要增强创新意识、培养创新思维，展示锐意创新的勇气、敢为人先的锐气、蓬勃向上的朝气。要推进产业工人队伍建设改革，落实产业工人思想引领、建功立业、素质提升、地位提高、队伍壮大等改革措施，造就一支有理想守信念、懂技术会创新、敢担当讲奉献的宏大产业工人队伍。

第四，切实实现好、维护好、发展好劳动者合法权益。让人民群众过上更加幸福的好日子是我们党始终不渝的奋斗目标，实现共同富裕是中国共产党领导和我国社会主义制度的本质要求。要坚持以人民为中心的发展思想，维护好工人阶级和广大劳动群众合法权益，解决好就业、教育、社保、医疗、住房、养老、食品安全、生产安全、生态环境、社会治安等问题，不断提升工人阶级和广大劳动群众的获得感、幸福感、安全感。要把稳就业工作摆在更加突出的位置，不断提高劳动者收入水平，构建多层次社会保障体系，改善劳动安全卫生条件，使广大劳动者共建共享改革发展成果，以更有效的举措不断推进共同富裕。要适应新技术新业态新模式的迅猛发展，采取多种手段，维护好快

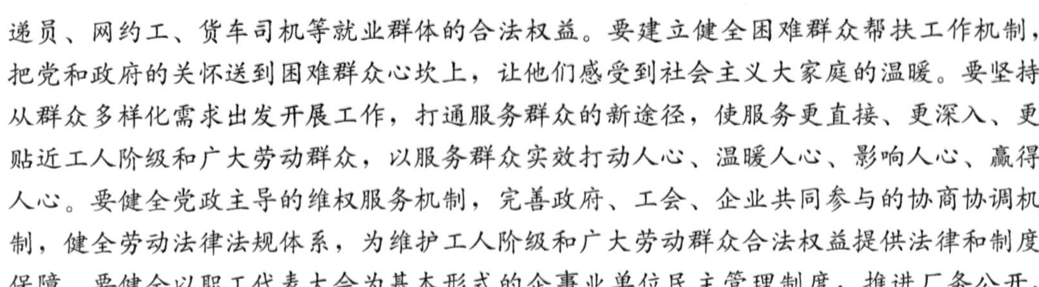

递员、网约工、货车司机等就业群体的合法权益。要建立健全困难群众帮扶工作机制，把党和政府的关怀送到困难群众心坎上，让他们感受到社会主义大家庭的温暖。要坚持从群众多样化需求出发开展工作，打通服务群众的新途径，使服务更直接、更深入、更贴近工人阶级和广大劳动群众，以服务群众实效打动人心、温暖人心、影响人心、赢得人心。要健全党政主导的维权服务机制，完善政府、工会、企业共同参与的协商协调机制，健全劳动法律法规体系，为维护工人阶级和广大劳动群众合法权益提供法律和制度保障。要健全以职工代表大会为基本形式的企事业单位民主管理制度，推进厂务公开，充分发挥广大职工群众的积极性、主动性、创造性。

……

同志们！

光荣属于劳动者，幸福属于劳动者。我国工人阶级和广大劳动群众要更加紧密地团结在党中央周围，勤于创造、勇于奋斗，努力在全面建设社会主义现代化国家新征程上创造新的时代辉煌、铸就新的历史伟业！

【经典导读二】

此生属于祖国，此生无怨无悔①

——隐身30年的中国核潜艇先驱黄旭华

国家的分量，在一个人心中能有多重？

重到可以为之远离家乡、荒岛求索，深藏功名三十载；重到从一穷二白中“头拱地、脚朝天，也要把核潜艇搞出来”；重到年过九旬仍不甘退休，誓要再干好多年……

10日，黄旭华，这位共和国的第一代核潜艇总设计师，从习近平总书记手中接过了2019年度国家最高科学技术奖奖章。

“共和国勋章”、全国道德模范……功勋卓著的光环之下，黄旭华百感交集：我国第一艘核潜艇下水，这是我们自己干出来的。

黄旭华的人生，就像深海中的核潜艇，“深潜”一辈子，无声，却有无穷的力量。

“深潜”三十载，做隐姓埋名人

一头银发向后梳笼，整饬的西装上搭着一条已经磨起球的素色围巾，脸上挂着温和的微笑。原中国船舶重工集团公司第七一九研究所名誉所长黄旭华院士，用云淡风轻的语气，谈起那些惊天动地的过往……

1926年，黄旭华出生于广东省海丰县的一个小镇，小学毕业时，全面抗战拉开了序幕。黄旭华在炮火和动荡中走过了他的少年和青年。

“想轰炸就轰炸，因为我们国家太弱了！我要学航空、学造船，我要科学救国！”海边出生的黄旭华，以造船系第一名的成绩进入国立交通大学（今上海交通大学），学术成长由此起步。

---

① 陈芳、温竞华、董瑞丰：《此生属于祖国，此生无怨无悔——隐身30年的中国核潜艇先驱黄旭华》，http://www.xinhuanet.com/politics/2020-01/10/c_1125446424.htm。

1958年，中国启动核潜艇研制工程。一批人挑起开拓我国核潜艇的重任，黄旭华是其中之一。

彼时，面对苏联的技术封锁，毛泽东誓言："核潜艇，一万年也要搞出来！"

"听了这句话，更坚定了我献身核潜艇事业的人生走向。"黄旭华说。

1965年，核潜艇研制工作全面启动，核潜艇总体研究设计所在辽宁葫芦岛成立，黄旭华开始了"荒岛求索"的人生。

荒岛之艰难困苦，没有削减同志们的干劲。所有人心里都装着使命，尽快研制出中国的核潜艇。做一辈子的"无名英雄"，黄旭华心甘情愿。

接下这份绝密任务后，黄旭华三十年没有回过家，家人不知道他在外做什么，父亲直到去世也未能再见他一面。

他说：当祖国需要我一次把血流光，我就一次流光；当祖国需要我一滴一滴流血的时候，我就一滴一滴地流！

十年磨一剑。黄旭华及其同事们荒岛求索，在世界核潜艇史上写下光辉篇章——上马三年后开工、开工两年后下水、下水四年后正式编入海军进入战斗序列。

中国成为继美、苏、英、法之后世界上第五个拥有核潜艇的国家，辽阔海疆从此有了护卫国土的"水下移动长城"。

……

无怨无悔，用一生诠释对国家的忠，就是对家的孝

在很多人眼中，这几乎是不可思议之事。为了工作上的保密，黄旭华像核潜艇一样，整整"深潜"了30年没有回家。离家研制核潜艇时，刚三十出头，等到回家见到亲人时，他已是六十多岁的白发老人了。

在夫人李世英看来，黄旭华好像永远没有歇一歇的时候，有时甚至有些"痴傻"。有一回，黄旭华思考技术问题太入迷，出门时竟没发现左右脚的鞋穿反了，一路走到办公室。

平日在家，黄旭华只顾趴在书桌前埋头科研，饭也不吃，头发长了也不管。"他说去理发店要排队很久，浪费时间。"无奈之下，李世英只得买了理发工具，在家为黄旭华剪头发。这一剪，就是大半辈子。

黄旭华爱好音乐，口琴吹得漂亮，但他又是那么忙，一架扬琴摆在角落落了灰，等到想起来弹，弦已经坏了。

自称是"一个不称职的儿子、不称职的丈夫、不称职的父亲"，黄旭华对家人满是愧疚。

"我要感谢我的夫人，我要上艇深潜，她支持我；父亲去世我不能回家奔丧，她理解我；女儿小时候摔倒在山沟，在医院躺了九天九夜，怕影响我工作，她一人承担了下来，我回到家里才知道……我代表所有科研人员感谢她和所有女同志！"

1987年，上海一家杂志刊登了报告文学《赫赫而无名的人生》，讲述中国核潜艇总设计师的人生经历。黄旭华把杂志寄给了远方的母亲。母亲含着泪一遍遍地读，还把兄弟姐妹叫到跟前说，"三哥的事，你们要理解，要谅解他。"

自古忠孝难两全，黄旭华正是用一生诠释了对国家的忠，就是对父母最大的孝。

……

【经典导读三】

一束希望之光，照亮孩子的追梦人生[①]
——全国教书育人楷模张桂梅和华坪女子高中

她是一个身患23种疾病的普通教师，却改变了1804个贫困山区女孩的命运，她是一根燃烧的蜡烛，为近1800个家庭点燃了希望，为贫困地区教育扶贫摸索出一条新路。

她叫张桂梅，云南丽江市华坪县女子高中校长、华坪县儿童福利院（儿童之家）院长，今年被评为全国教书育人楷模和云岭楷模。10月17日，她被授予全国脱贫攻坚奖贡献奖。今年10月，通过联合国教科文组织第五届女童和妇女教育奖仪式，张桂梅用希望之光照亮孩子们的追梦人生的故事，获得与会者的广泛关注和赞赏。

张桂梅成为教师榜样，也是一个谜。是什么力量支撑着病魔缠身的张桂梅坚持了20年？她究竟有什么魔力改变了那么多孩子及其家庭的命运？

一个普通老师为何呼吁创办免费女子高中

2008年，在重病缠身的张桂梅奔走呼吁下，在各级党委政府的关心帮助下，全国第一个免费女子高中——华坪女子高中成立。

为什么要办免费女子高中？面对人们的询问，张桂梅也反复叩问自己的初心。让她至今还阵阵心痛的，是22年前初中课堂上，没来上学的女孩留下的空位。

1998年，张桂梅是华坪县民族中学初二班主任，一次上语文课时，张桂梅发现有个座位是空的。“坐这个座位的李莉（化名）哪儿去了呢?”张桂梅问。有学生说，因为家里穷，李莉去爬树摘攀枝花准备去卖，不慎从树上掉下来摔死了。张桂梅听到后心痛不已。回忆起这件事，她告诉记者：“李莉那黑黑圆圆的脸蛋，我现在都忘不了。”

同样在民族中学的一次课堂，张桂梅发现初三班团支部书记林秀（化名）的座位空了，她因为家庭贫困辍学了。张桂梅走了四五个小时的山路，去林秀家找她回学校，去了两次，脚走肿了，终于说服了林秀和她父母，让林秀回校继续上学。当年林秀没考上高中，张桂梅就鼓励她复读，让她在儿童之家生活学习。第二年林秀终于考上了县一中，后来考上了大学。

林秀和李莉的事让张桂梅震动很大，她常想：“我一个一个地去找辍学的孩子，我能找回来几个？尤其很多农村贫困家庭的女孩因难以承受高中经济负担而放弃上高中的机会，能不能有一所免费女子高中，让贫困山区的女孩们读高中、考大学，阻断山区农村的代际贫困?”这就是张桂梅当年呼吁创办免费女子高中的初衷，也是她建校12年来苦苦坚守的信念。

一根蜡烛如何照亮1804个贫困女孩的路

12年来，在华坪女高毕业的1804位贫困女孩心中，张桂梅就是一支照亮她们前路的蜡烛。

10月17日一早，记者来到华坪中心镇拉毕村村口，穿过一片菜地，跨过一条水

---

① 张勇：《一束希望之光，照亮孩子的追梦人生》，《光明日报》2020年10月22日。

沟，顺着墙边的小路，走进女高毕业生李小月（化名）的家。3 年前李小月中考时，瘫痪多年的父亲说："只要能读女子高中，就能上大学，我就放心了!"李小月如愿上女高时，父亲已经去世。"家里没有能力供小月读高中，是女高免收学费、书费、住宿费，张桂梅老师每月还给小月 700 元生活费，小月才能读完高中。"李小月今年考上了普洱学院，母亲李良翠送她到普洱校门口。瘦削的李良翠连连感叹："小月今年考上大学，我正为上大学的学费发愁，张老师又送来了 1 万元，凑够了大学学费和生活费。张老师很伟大！没有她和女高的帮助，孩子读不了高中，也上不了大学。"

在华坪县医院检验科，有一位做事风风火火的女检验师，她叫高世婷，华坪女子高中第一届毕业生。在检验科值班室里，高世婷对记者连声说："没有张桂梅老师就没有我的今天，她是我生命中最重要的人，我喊她阿妈。"

2008 年，家在华坪县兴泉镇兴泉村的高世婷初三快毕业时，父母先后去世，家里只有弟弟和年迈的爷爷。她的中考分数超过了县一中分数线，可没钱交学费。绝望时刻，华坪女高开始招生，张桂梅接纳了她，不仅免学费书费，每月还补助她 300 元生活费，还把她弟弟接到儿童之家生活。因为心里还充满对父母去世的悲痛，第一次见到张桂梅时，她禁不住全身发抖，张桂梅坐在她身旁，拍拍她的腿亲切地说："别害怕，好好学习!"此后张桂梅多次找她谈心，让她逐渐走出了悲痛的阴影，当了班长，3 年后考上广西卫生职业技术学院。她在大学的学费、生活费都由张桂梅负责。大学毕业后高世婷回华坪县医院工作，有了幸福的小家，还能赡养爷爷。80 多岁的爷爷常在村里自豪地对别人说："我孙女在县医院上班呢。"

云南中医药大学中药学院研究生李欣坪万分感慨地说："2011 年中考结束，我很担心自己像同龄女孩一样，去打工或是嫁人生子。庆幸的是华坪女高发来一份录取通知书，改变了我的一切。正是张桂梅老师和女高其他老师的言传身教，让我成为一个佩戴鲜红党徽的研究生。"

12 年来，丽江市贫困山区许多初中毕业的女孩，都走进了华坪女高的学堂，历届高中毕业生升学率 100%，使 1804 名贫困山区女孩圆了大学梦。其中今年高考创最好成绩，159 个考生中 70 人上了一本。"多数毕业生成为教师、医生、公务员和企管人员，还有边防民警和海关人员。今年有 2 个毕业于华坪女高的大学生自愿参军到西藏，现在全国各省市区都有我们女高的学生了。"张桂梅很开心。

"张桂梅带动的不仅是华坪女高，还带动了全县所有学校。2008 年女高成立以前，全县中考升学率不到 50%，2020 年就达到了 90%以上，近 8 年来全县高考升学率在丽江市保持第一名。"华坪县教育局党工委书记胥国华说。

一个女校长为何走了 11 万公里家访路

"每年寒假，春节前我去家访华坪本地学生，大年三十我和福利院的孩子们吃饭，初一开始我就去华坪县以外的县区家访，每届高三学生我都要尽量去家访。"张桂梅说。

"张桂梅 5 次来李小月家家访，每次走菜地和水沟之间的小路我们都要搀扶她，她浑身病痛，走路越来越困难了。"华坪女高办公室主任张晓峰告诉记者。今年 2 月初，因为疫情，学校开始上网课，但读高三的李小月没有手机无法上课，张桂梅花 1600 元买了智能手机送到李小月家里。"张老师身体不好，还多次来我家里关心娃娃，给我们买被子衣服，给过年钱，我对孩子们说要好好读书，懂得感恩。”李良翠说。

张桂梅的家访已持续12年，覆盖丽江各地山区约1552名学生的家庭，行程11万公里。头几年，她常走山路家访，曾因过度劳累昏睡在路旁；她常自己租车，骑过马和摩托，肋骨被颠断了两次。后来县里就派车帮助她家访。

一次，张桂梅来到深山村寨一位成绩下降的傈僳族学生的家中家访，这个女孩是全村第一个高中生，入学那天全村人送行。学生的爷爷对张桂梅说：“如果孙女能上大学，自己就是死了也安心。”张桂梅回答：“我一定让您的孙女成为村里的第一个大学生。”如今这个女孩已大学毕业，在她的影响下，这个村里已经陆续走出了好几位大学生。

张桂梅12年来寒暑假的家访，让她对每个学生家庭的甘苦都了然于胸。“我是班主任，可对每个学生的情况我还没有张桂梅老师了解，因为每个学生她都去家访，学生和家里有什么情况她会告诉我。”女高高三化学老师和德强告诉记者。

“张桂梅不仅影响了一所学校，还影响了丽江广大山区农村。以前农村女孩早婚早育的很多，现在很少了，农村家长送孩子读高中的意识普遍增强，我们开家长培训会，有5800多名家长通过网络直播参加培训，多数是农村家长。”华坪县妇联主席刘安萍说。

一个弱女子如何坚守女中和孤儿院20年

许多慕名来华坪女中学习的人问：女中的学生文化基础很差，教师普遍年轻，为什么能成功？

张桂梅回答很简单：“靠坚持！靠信仰！我们长期开展红色信仰教育，发挥党员的先锋模范作用，大家都拧成一股绳。”每天9点40分的课间操，全体学生跳舞蹈《南泥湾》，唱红歌《红梅赞》，下午下课时学生在教室唱红歌，每个周末组织学生看一场爱国主义教育电影……

“我们能吃苦，靠苦出来的！”张桂梅说。华坪女高实行半军事化管理，学生们清晨五点半起床，晚上12点20分休息，每周只有周日休息3个小时，把学生的学习时间用到极致，学校的空间也用到极致，走廊墙上除红色教育宣传画外，都密密麻麻写满了公式、定律。老师们周末固定上课，毕业班老师每晚守到学生休息，而老师们没有加班工资。

女高的红色教育真能激励人吗？严格的管理学生受得了吗？老师长期加班没有怨言吗？有人将信将疑。

“唱红歌当然能激励我们，刚入学时有些不适应，后来就感觉到很能振奋精神，和英雄模范相比，这些苦不算什么。”李欣坪回忆华坪女高的艰苦生活时说。每晚11时半下自习后，毕业班学生回宿舍楼后都必须在走廊上做作业。10月16日深夜零点，高一、高二的许多学生也自发地在宿舍走廊上做作业。正在做作业的高一新生王芳告诉记者：“学姐都还在努力，我要向她们学习。”

“红色教育为什么有效果？因为张桂梅老师为我们树立了榜样，她吃的苦最多，捐款最多，付出的心血最多。与她相比，我们义务加点班不算什么。所以她说的话有号召力，大家都愿意听。”在华坪女高坚守12年的教师张红琼说。

张桂梅长期身患心脏病、肺气肿等23种严重疾病，多次送往医院抢救，如今她的手脚上贴满了止痛药膏，时常咳出血丝，在校园里走路都很艰难，只能乘电动车。12年来，为了确保每个学生的安全，她每天对校园每个角落巡查5遍。10月16日深夜，记者跟随张桂梅巡查，她握着手电筒照明，颤巍巍地扶着栏杆上下楼梯，查看每个房间时，她都要拔掉插座上的所有插头；同学们快下晚自习时，她把楼梯间的每一个路灯打开，“孩子们下楼跑得快，忘了开灯不安全。”她说。

张桂梅对学生看似严厉，但她身上始终散发着一种温馨的母爱。下午5点半，张桂梅到学生食堂等候刚下课的学生，她用手机和小广播播放红色歌曲，然后走到打饭窗口看学生打饭，招呼同学们排好队。“我在看食堂打菜是不是打少了。”张桂梅笑着说。学生吃完饭回宿舍，她又冒雨到宿舍门口催促学生：“还有5分钟上课，大家抓紧时间洗脚。”看着学生们匆匆走出宿舍跑向教室，她才满意地把宿舍大门锁好。23时30分，她又来到学生宿舍门口迎接下课的学生，查看毕业班学生在宿舍走廊自习情况。深夜1点，她才进宿舍休息。

20多年来，张桂梅把自己得到的全部奖金、捐款和大部分工资累计150多万元，都用来帮助女高贫困学生和儿童之家的孩子们，用来弥补女高办学经费的不足。她退休后继续当校长，只有4000多元工资，可她每月医药费就需要上万元。全国总工会每年给她5万元治病，可她把这5万元都用于家访。她开心地告诉记者：“我评了教书育人楷模，有10万元奖金，我准备全部作为老师们节假日的加班补贴，不能让老师们总是尽义务啊。”

办学经费困难是张桂梅的一大心结。女高每个学生三年学习成本费用大约5.8万元，政府承担了很多，还需学校部分自筹。可学校不收费，只能靠社会捐助和政府临时补助。今年7月，市县政府支持成立张桂梅助学会以来，社会各界捐款有900多万元，学校经济压力才得以缓解。

张桂梅还为一个心结焦虑，学校缺乏经验丰富的老师。10月16日上午，她主持了一场面向全国招聘教师的面试，让她很失望，只有两人符合条件参加面试，一人面试合格。“我们还要继续招老师，我们一定要实现考上清华、北大的梦想！”张桂梅坚定地说。她盼望社会各界在师资力量上给予华坪女高更多的帮助。

63岁的张桂梅中年丧夫，没有子女，没有财产，但她并不孤独。从2001年起，张桂梅一直是华坪县儿童之家院长，先后有172个孤儿在儿童之家成长。在她心中，女高和儿童之家都是她的家，孤儿们和2268个女高学生，都是她的孩子。每天下午6时半，张桂梅都乘电动车来儿童之家看望孩子们，一到门口，孤儿们都跑出来喊：“老妈！老妈！”大家亲热地搀扶她下车，牵着她的双手，一家人说说笑笑地走进家门，她那满是皱纹的脸上，洋溢着幸福的笑容。

第三模块　实践拓展

【项目一】课堂讨论

1. 道德模范太高大，不可学？

一些人认为道德模范固然可敬可爱，但不可学，因为他们太高大。其实，道德模范既包括在一定社会道德实践中涌现出的符合特定道德理想类型的人，又包括人们日常生活中能够近距离感受到的具有积极道德影响的人物。道德模范的可贵之处在于，他们不仅做了普通人愿意做和能够做的事，而且主动做了许多人不想做的事。

5～6 人为一组，分小组讨论，以本章第二模块“经典导读”中的黄旭华、张桂梅为例，谈谈对“道德模范太高大，不可学？”这句话的看法 。讨论流程一般为：主题→思考→讨论→整合→总结。小组讨论结束后，每一组选一名代表总结发言。

2. 平凡的人生需要践行道德规范吗？

2018 年 10 月 28 日 10 时 08 分，重庆市万州区一辆公交车在万州长江二桥桥面与小轿车发生碰撞后，坠入江中……11 月 1 日 15 时，已找到 13 名遇难者遗体，身份已全部确认，仍有 2 人失联。据车内黑匣子监控视频显示，系乘客与司机激烈争执互殴致车辆失控。

2012 年 5 月 29 日，杭州长运公司的司机吴斌被一块飞入车中的铁块刺入腹部。在车速每小时一百公里的车内，被飞入车中的 5 斤重铁块砸中，相当于被一颗微型炸弹击中。可他临危不惧，忍痛用 1 分 16 秒缓缓靠边停车。站起来请乘客报警，并且嘱咐：“别乱跑，注意安全。”这生死一分钟，他承受着达到生理极限的剧痛，但仍牢牢地抓住方向盘，他没有忘记自己作为一个司机的使命。最终，24 名乘客无一受伤，48 岁的吴斌却伤重不治。

5～6 人为一组，分小组讨论，谈谈对“平凡的人生需要践行道德规范吗？”这一问题的看法。讨论流程一般为：主题→思考→讨论→整合→总结。小组讨论结束后，每一组选一名代表总结发言。

3. 青年大学生应该如何践行新时代公民道德规范？

2019 年 3 月 30 日，四川省凉山州木里县境内发生森林火灾，27 名森林消防队员和 3 名地方干部群众牺牲。为告慰英雄、激励队伍，国家应急管理部、四川省人民政府追认在扑救森林火灾中英勇牺牲的 30 名同志为烈士。同时，一段表达消防员心声的短视频在网络上引起热议：“刀山敢上，火海敢闯，但请不要给我当英雄的机会。不随地乱扔烟头，你就是英雄；不堵塞消防通道，你就是英雄……”这个视频从消防员的视角，呼吁每一个普通人从平常小事做起，自觉遵守公民道德规范，营造良好文明风尚。

5～6 人为一组，分小组讨论，谈谈青年大学生应该如何践行新时代公民道德规范、引领社会风尚。讨论流程一般为：主题→思考→讨论→整合→总结。小组讨论结束后，

每一组选一名代表总结发言。

【项目二】“我学习·我践行”公益服务

1. 实践主题。

围绕课堂上所学的道德理论，设计实施一次公益服务实践活动，主题包括：关心弱势群体，扶助探访孤寡老人，服务基层社区，为环保活动助力，为绿色健康出行献计献策，公益宣传等。（公益服务不限于以上活动内容，只要带有公益服务性质均可）

2. 实践过程。

（1）具体形式不限：探访、宣传、健康跑、微电影制作等均可。

（2）以小组为单位分组设计方案，提交教师指导，设计方案通过后进行公益服务的实践活动，实践结束后撰写实践报告及提交实践活动视频。

3. 实践要求。

（1）以小组为单位提交实践设计方案、实践报告和实践活动视频。每个同学再单独提交一份实践活动感想，要求字数在1000字以上。

（2）实践活动要求目的端正、流程规范、符合社会公德。同时，活动期间请注意自身安全、尊重和保护实践对象的隐私等。

第四模块　自测练习

一、单项选择题

1. 作为人类社会特有的一种社会现象，道德是人类社会发展到一定阶段的必然产物。道德起源的首要前提是（　　）。

A. 社会关系　　B. 人的自我意识

C. 劳动　　D. 传统习俗

2. 道德作为人类社会特有的一种社会现象，其产生有多方面的条件，其中道德赖以产生的客观条件是（　　）。

A. 人类自我意识的形成和发展

B. 社会关系的形成

C. 人的生产实践活动

D. 与生俱来的善良本性

3. 恩格斯说：“人们自觉地或不自觉地，归根到底总是从他们阶级地位所依据的实际关系中——从他们进行生产和交换的经济关系中，获得自己的伦理观念。”这说明道德的产生、发展和变化，归根到底根源于（　　）。

A. 社会经济关系　　B. 人与生俱来的善良本性

C. 人的自我意识　　D. 人的社会生活需要

4. 道德作为人类社会特有的一种社会现象，其产生有多方面的条件，其中道德赖以产生的主观条件是（　　）。

A. 人类自我意识的形成和发展

B. 社会关系的形成

C. 人的生产实践活动

D. 与生俱来的善良本性

5. 道德属于上层建筑的范畴，是一种特殊的社会意识形式。在阶级社会里总是反映着一定的阶级利益。因此，道德不可避免地具有（　　）。

A. 阶级性　　B. 时代性　　C. 历史性　　D. 独立性

6. 道德一经产生，便表现为历史继承性，也表现为对社会发展具有的能动反作用。这是道德（　　）的表现。

A. 阶级性　　B. 时代性　　C. 历史性　　D. 独立性

7. 恩格斯曾经指出："道德或者为统治阶级的统治和利益辩护，或者当被压迫阶级变得足够强大时，代表被压迫者对这个统治的反抗和他们的未来利益。"这主要说明（　　）。

A. 道德可以提高人的精神境界，促进人的自我完善

B. 道德是影响社会生产力发展的一种重要力量

C. 道德能够保护或破坏一定阶级的政治统治

D. 道德对其他意识形态的存在具有重大影响

8. 道德的调节功能是指道德通过评价等方式，指导和纠正人们的行为和实践活动、协调社会关系和人际关系的功效和能力。道德调节的主要形式是（　　）。

A. 社会舆论　　B. 传统习俗

C. 人们的内心信念　　D. 道德评价

9. 道德的功能，一般是指道德作为社会意识的特殊形式对于社会发展所具有的功效和能力。在道德的功能系统中，最基本的功能是（　　）。

A. 认识功能、规范功能、调节功能

B. 认识功能、规范功能、导向功能

C. 认识功能、激励功能、调节功能

D. 导向功能、规范功能、调节功能

10. 道德的功能是多元的，也是多层次的。其中反映社会关系特别是反映社会经济关系的功效与能力的，是道德的（　　）。

A. 认识功能　　B. 规范功能

C. 调节功能　　D. 导向功能

11. 道德的功能是多元的，也是多层次的。其中在正确善恶观的指引下，规范社会成员在社会公共领域、职业领域、家庭领域的行为，并规范个人品德的养成，引导并促进人民崇德向善。这是道德的（　　）。

A. 认识功能　　B. 规范功能

C. 调节功能　　　　D. 导向功能

12. 道德的功能是指道德作为社会意识的特殊形式对于社会发展所具有的功效与能力。其中，道德最突出也是最重要的功能是（　　）。(2011 年全国硕士研究生入学考试政治真题)

A. 辩护功能　　　　B. 沟通功能

C. 调节功能　　　　D. 激励功能

13. 道德发挥作用的性质是由（　　）。

A. 社会发展的历史阶段所决定的

B. 上层建筑的性质所决定的

C. 道德的调节功能所决定的

D. 道德所代表的阶级利益、所反映的经济基础决定的

14. 在人类历史上，原始社会的经济关系产生了原始社会的道德，封建社会的经济关系产生了封建社会的道德，资本主义社会的经济关系产生了资本主义社会的道德，社会主义社会的经济关系产生了社会主义社会的道德。这说明（　　）。

A. 社会道德对社会经济关系具有决定作用

B. 社会道德的发展变化必然引起社会经济关系的发展变化

C. 有什么样的社会经济关系就有什么样的社会道德

D. 在阶级社会，占社会统治地位的道德是人数占优势的阶级的道德

15. 爱因斯坦曾经说过："大多数人都以为是才智成就了科学家，他们错了，是品格。"这句话的意思与下列名言在含义上一致的是（　　）。(2010 年全国硕士研究生入学考试政治真题)

A. "道虽迩，不行不至；事虽小，不为不成"

B. "才者，德之所资也；德者，才之帅也"

C. "不学礼，无以立"

D. "是非之心，智也"

16. 中华传统美德内容丰富、博大精深，是人类文明发展的重要精神财富，是社会主义道德建设的源头活水。中华传统美德的根本要求是（　　）。

A. 推崇"仁爱"原则，注重以和为贵

B. 提倡人伦价值，重视道德义务

C. 公义胜私欲

D. 追求精神境界，向往理想人格

17. 习近平总书记强调："要讲好党的故事、革命的故事、根据地的故事、英雄和烈士的故事，加强革命传统教育、爱国主义教育、青少年思想道德教育，把红色基因传承好，确保红色江山永不变色。"革命道德与当代精神追求的价值观念依然高度契合，是激励中国人民克服一切艰难险阻、不断从胜利走向胜利的宝贵精神财富。贯穿中国革命道德始终的一根红线是（　　）。

A. 坚持社会主义、共产主义信念　　　　B. 全心全意为人民服务

C. 服务人民、奉献社会　　　　D. 社会主义核心价值观

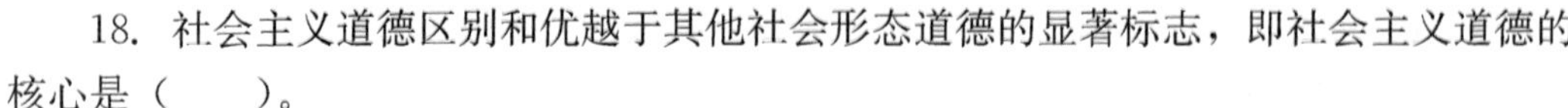

18. 社会主义道德区别和优越于其他社会形态道德的显著标志，即社会主义道德的核心是（　　）。

A. 无私奉献、一心为公　　B. 集体主义

C. 为人民服务　　D. 先公后私、先人后己

19. 随着社会主义市场经济的发展，我国的经济生活和道德生活正在发生着深刻的变化，在道德领域出现了许多新问题，必须适应实际变化，不断补充、丰富和完善集体主义原则。在社会主义市场经济条件下，集体主义依然而且应当成为社会主义道德的基本原则。集体主义的最高层次是（　　）。

A. 无私奉献、一心为公　　B. 先公后私、先人后己

C. 顾全大局、遵纪守法　　D. 热爱祖国、诚实劳动

20. 2019 年 10 月，中共中央、国务院印发了《新时代公民道德建设实施纲要》。纲要指出，新时代公民道德建设要“持续强化教育引导、实践养成、制度保障”，并把“推动道德实践养成”单列，明确了道德实践养成的多种载体途径。其中，新时代公民道德建设的重要任务是（　　）。

A. 广泛开展弘扬时代新风行动　　B. 摒弃陈规陋习、倡导文明新风

C. 学雷锋和志愿服务　　D. 持续推进诚信建设

21. 2019 年 10 月，中共中央、国务院印发了《新时代公民道德建设实施纲要》。纲要指出，新时代公民道德建设要“持续强化教育引导、实践养成、制度保障”，并把“推动道德实践养成”单列，明确了道德实践养成的多种载体途径。其中，推进新时代公民道德建设的出发点和落脚点是（　　）。

A. 培养担当民族复兴大任的时代新人

B. 在全民族牢固树立中国特色社会主义共同理想

C. 在全社会大力弘扬社会主义核心价值观

D. 构筑中国精神、中国价值、中国力量

22. 职业生活中的道德规范即职业道德，是指从事一定职业的人在职业生活中应当遵循的具有职业特征的道德要求和行为准则。社会主义职业道德最高层次的要求是（　　）。

A. 爱岗敬业　　B. 诚实守信

C. 服务群众　　D. 奉献社会

23. 新时代需要工匠精神，新时代呼唤工匠精神。没有具有工匠精神的“大国工匠”，导弹、航母、悟空、墨子、歼－20 等大国重器就难以建造完成。这说明，新时代社会主义职业道德的最基本要求是（　　）。

A. 爱岗敬业　　B. 诚实守信

C. 服务群众　　D. 奉献社会

24. 鲁国宰相公孙仪喜欢吃鱼，许多人争着买鱼给他吃，他一条也不收。其弟子问：“夫唯嗜鱼而不受者，何也?”公孙仪答曰：“夫唯嗜鱼，故不受也。夫即受鱼，必有下人之色，有下人之色，将枉于法，枉于法，则免于相。”这个故事给我们的启示是（　　）。

A. 从业人员应该诚实劳动、合法经营、信守承诺、讲求信誉

B. 从业人员要热爱自己的工作岗位，敬重自己所从事的职业

C. 从业人员在职业活动中应做到不谋私利、不徇私情

D. 从业人员在自己的工作岗位上应树立奉献社会的职业精神

25. 习近平总书记指出，要深入开展中国特色社会主义理想信念教育，培育和践行社会主义核心价值观，弘扬中华优秀传统文化，开展以职业道德为重点的“四德”教育。其中，既是做人的准则，也是对从业者的道德要求的是（　　）。

A. 诚实守信　　B. 奉献社会

C. 助人为乐　　D. 尊老爱幼

26. 习近平总书记指出：“家庭是社会的基本细胞，是人生的第一所学校。不论时代发生多大变化，不论生活格局发生多大变化，我们都要重视家庭建设，注重家庭、注重家教、注重家风。”以下符合家庭美德的是（　　）。

A. 远亲不如近邻　　B. 君子成人之美

C. 为善最乐　　D. 博施济众

27. 在社会道德建设中具有基础性作用的是（　　）。

A. 个人品德　　B. 职业道德

C. 家庭美德　　D. 社会公德

28. 道德修养是一个循序渐进的过程。古人云：“积土成山，风雨兴焉；积水成渊，蛟龙生焉；积善成德，而神明自得，圣心备焉。故不积跬步，无以至千里；不积小流，无以成江海。”下列名言中与这段话在含义上近似的是（　　）。（2012年全国硕士研究生入学考试政治真题）

A. 仁远乎哉？我欲仁，斯仁至矣

B. 勿以善小而不为，勿以恶小而为之

C. 君子求诸己，小人求诸人

D. 有能一日用其力于仁矣乎？我未见力不足者

29.《礼记·中庸》中写道：“道也者，不可须臾离也，可离非道也。是故君子戒慎乎其所不睹，恐惧乎其所不闻。莫见乎隐，莫显乎微。故君子慎其独也。”这句话体现道德修养的正确方法是（　　）。

A. 学思并重　　B. 慎独自律

C. 知行合一　　D. 积善成德

30. 2018年9月28日上午，正在辽宁省考察的习近平总书记乘车前往抚顺市考察。习近平总书记向雷锋墓敬献花篮并参观雷锋纪念馆。习近平总书记指出：“雷锋是时代的楷模，雷锋精神是永恒的。实现中华民族伟大复兴，需要更多时代楷模。我们既要学习雷锋的精神，也要学习雷锋的做法，把崇高理想信念和道德品质追求转化为具体行动，体现在平凡的工作生活中，作出自己应有的贡献，把雷锋精神代代传承下去。”参与志愿服务活动是向雷锋同志学习的内容之一。志愿服务精神的精髓是（　　）。

A. 奉献　　B. 团结　　C. 友爱　　D. 互助

二、多项选择题

1. 道德是以善恶为评价方式，是依靠社会舆论、传统习俗和内心信念来发挥作用的行为规范的总和。道德作为上层建筑的范畴，其本质是（　　）。

A. 社会利益关系的特殊调节方式
B. 一种实践精神
C. 劳动实践
D. 反映社会经济关系的特色意识形态

2. 自古以来，人们就在探讨道德起源这一重大理论问题，并提出了种种见解或理论，均无法正确揭示道德起源。直到马克思主义道德观提出，人类社会的实际情况是“物质生活的生产方式制约着整个社会生活、政治生活和经济生活的过程”。因此，道德的起源问题，必须从这一实际出发来认识和把握。马克思主义道德理论在人类思想史上第一次科学而全面地论述了道德起源问题，为正确认识和理解道德的本质奠定了基础。这包括（　　）。

A. 劳动是道德起源的重要条件
B. 社会关系是道德赖以产生的客观条件
C. 人的自我意识是道德产生的主观条件
D. 道德是由处于社会上层阶级的人们所创造的

3. 恩格斯说：“人们自觉地或不自觉地，归根到底总是从他们阶级地位所依据的实际关系中——从他们进行生产和交换的经济关系中，获得自己的伦理观念。”这句话说明道德是反映社会经济关系的特殊意识形态，道德的产生、发展和变化，归根到底根源于社会经济关系。这是因为（　　）。

A. 道德的性质和基本原则反映了与之相应的社会经济关系的性质和内容
B. 道德随着社会经济关系的变化而变化
C. 道德作为一种社会意识，不可避免地具有阶级性
D. 道德的相对独立性就是表现为道德的历史继承性

4. 中华传统美德内容丰富、博大精深，是人类文明发展的重要精神财富，是社会主义道德建设的源头活水。下列诗句中强调责任奉献的有（　　）。

A. 见贤思齐焉，见不贤而内自省也
B. 苟利国家生死以，岂因祸福避趋之
C. 国而忘家，公而忘私
D. 富贵不能淫，贫贱不能移，威武不能屈

5. 从中华传统美德的角度看，“修身、齐家、治国、平天下”强调的是加强道德修养，注重道德践履（修身是齐家、治国、平天下的前提和基础）。以下与其含义一致的有（　　）。

A. 见贤思齐焉，见不贤而内自省也
B. 明于庶物，察于人伦
C. 察色修身，以身戴行

D. 吾日三省吾身

6. 中国革命道德，是对中华传统美德的延续和发展。传承和发扬中国革命道德，是弘扬中华传统美德的应有之义，是加强社会主义道德建设的客观需要，也是激励大学生锤炼优良道德品质的必然要求。中华革命道德的内容主要包括（　　）。

A. 为实现社会主义和共产主义理想而奋斗

B. 全心全意为人民服务

C. 始终把革命利益放在首位

D. 树立社会新风和修身自律、保持节操

7. 1949年春，毛泽东在宴请九三学社的朋友时说："我和各位都是新中国的'长工'，我们的主人是谁呢？不是地主老财或资本家，而是人民，是四万万五千万中国人民。我们要全心全意为他们服务。"全心全意为人民服务是（　　）。

A. 贯穿中国革命道德的一根红线

B. 社会主义道德观的集中体现

C. 社会主义道德的原则

D. 先进性和广泛性要求的统一

8. 为人民服务是中国共产党人把马克思主义基本原理与中国革命、建设、改革的具体实践相结合的伟大创造。之所以说为人民服务是社会主义道德的核心，是因为为人民服务是（　　）。

A. 社会主义经济基础和人际关系的客观要求

B. 社会主义市场经济健康发展的要求

C. 调节国家利益、社会整体利益和个人利益关系的基本原则

D. 先进性要求和广泛性要求的统一

9. 2019年10月，中共中央、国务院印发《新时代公民道德建设实施纲要》。纲要指出，新时代公民道德建设的重点任务是（　　）。

A. 筑牢理想信念之基　　B. 培育和践行社会主义核心价值观

C. 传承中华传统美德　　D. 弘扬民族精神和时代精神

10. 马克思说："我们知道个人是微弱的，但是我们也知道整体就是力量。"在我国革命、建设、改革的历程中，在我国抗疫、抗震、抗灾等斗争中，集体主义从未缺席。长期以来，集体主义已经成为调节国家利益、社会整体利益和个人利益关系的基本原则。集体主义（　　）。

A. 强调牺牲个人利益来发展国家利益、社会整体利益

B. 强调个人利益、国家利益、社会整体利益的辩证统一

C. 强调国家利益、社会整体利益高于个人利益

D. 促进和保障个人正当利益的实现，使个人的才能、价值得到充分的发挥

11. 根据我国现阶段经济社会生活和人们思想道德的实际，对公民最基本的集体主义道德要求是（　　）。

A. 无私奉献、一心为公　　B. 先公后私、先人后己

C. 顾全大局、遵纪守法　　D. 热爱祖国、诚实劳动

12. 2018年5月，江苏省淮安市清江浦区高层住宅发生火灾，消防战士谢勇在解救被困群众时不幸牺牲，被公安部批准为烈士。5月14日，淮安经济开发区曾某在微信群中对谢勇进行污蔑，造成恶劣的社会影响。5月15日，曾某被当地公安机关刑事拘留。5月21日，经江苏省检察院批准，淮安市检察院决定对曾某的行为提起民事公益诉讼。6月12日，法院一审判决曾某通过淮安市级媒体公开赔礼道歉，消除影响。此案是自《中华人民共和国英雄烈士保护法》2018年5月1日实施以来，全国首例由检察机关提起的民事诉讼案件。这起案件告诉我们："网络空间不是法外之地，网络空间与现实社会一样，既要提倡自由，也要保持秩序。"公共生活需要公共秩序，公共生活领域越扩大，对公共秩序的要求就越高，有序的公共生活（　　）。

A. 是社会生产活动的重要基础

B. 是提高社会成员生活质量的基本保障

C. 是社会文明的重要标志

D. 是推动社会发展的重要动力

13. 在社会主义现代化建设的进程中，每一个社会成员都应遵守的社会公德的主要内容包括（　　）。

A. 文明礼貌、助人为乐

B. 爱护公物、保护环境

C. 遵纪守法、诚实劳动

D. 无私奉献、一心为公

14. 在美国的某个乡村有个叫芬格斯的小酒吧，老板是个犹太人。美国前国务卿基辛格是犹太人的后裔，他想去这个酒吧，他的助理提前一天给酒吧老板打电话，告诉他基辛格明天会带10个随从去光顾酒吧，请老板届时清场。酒吧老板当场拒绝了这个要求，并说自己的酒吧十多年来一直是依靠这些老顾客才生存下来的，让他赶走其他顾客他做不到。这件事被当时正在酒吧消费的顾客听到，传为美谈。酒吧老板拒绝基辛格清场的要求，是因为他（　　）。

A. 较好地维护了公共秩序

B. 对待顾客一律平等

C. 在职业活动中信守承诺、讲求信誉

D. 遵纪守法

15. 树立正确的择业观和创业观，对于大学生顺利走进职业生活具有重要的现实意义。大学生要树立正确的择业观，必须要做到（　　）。

A. 树立崇高的职业理想　　B. 服从社会发展的需要

C. 做好充分的择业准备　　D. 根据自己的兴趣爱好来选择职业

16. 恋爱中的道德规范主要有（　　）。

A. 尊重人格平等　　B. 自觉承担责任

C. 文明相亲相爱　　D. 顺其自然

17. 个人品德在社会道德建设中具有基础性作用。在现实生活中，社会公德、职业道德和家庭美德的状况，最终都是以每个社会成员的道德品质为基础的。个人品德的作

用主要表现在（　　）。

A. 是经济社会发展进程中重要的主体精神力量

B. 是社会文明的重要标志

C. 对道德和法律作用的发挥具有重要的推动作用

D. 是个体人格完善的重要标志

18. 据不完全统计，截至 2020 年 5 月 31 日，全国参与疫情防控的注册志愿者达到 881 万人，志愿服务项目超过 46 万个，记录志愿服务时间超过 2.9 亿小时。许多普通人投入一线志愿服务，社区值守、排查患者、清洁消杀、买药送菜，缓解居民燃眉之急。① 广大志愿者弘扬奉献、友爱、互助、进步的志愿精神，为他人送温暖、为社会做贡献，以实际行动书写新时代的雷锋故事，充分彰显了理想信念、爱心善意、责任担当，为夺取全国抗疫斗争重大战略成果做出了重要贡献。志愿服务是社会文明进步的重要标志，是广大志愿者奉献爱心的重要渠道，是培育和弘扬社会主义核心价值观的重要载体。志愿服务所体现出现来的奉献精神，有助于（　　）。

A. 传递社会关爱　　B. 弘扬社会正气

C. 发扬社会主义优势　　D. 形成良好的社会风尚

19. 新时代公民道德建设要把社会公德、职业道德、家庭美德、个人品德建设作为着力点。其中，提高个人品德修养的正确方法包括（　　）。

A. 学思并重　　B. 省察克治

C. 慎独自律　　D. 知行合一

20. 大学生积极投身崇德向善的道德实践应从下列哪些方面做起（　　）。

A. 向道德模范学习　　B. 参与志愿服务活动

C. 引领社会风尚　　D. 强化社会责任意识

三、判断正误并陈述理由

1. 道德属于上层建筑，是一种特殊的社会意识形式。劳动是道德赖以产生的客观条件，社会关系是道德起源的首要前提，人的自我意识是道德产生的主观条件。

① 王勇：《【观察】4.26 万、389.3 亿、400 万、881 万、150 多……中国抗疫数据来了!》，http://www.chinadevelopmentbrief.org.cn/news—24285.html。

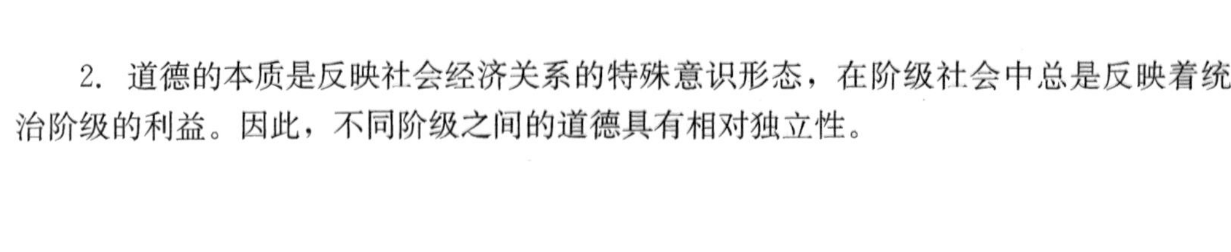

2. 道德的本质是反映社会经济关系的特殊意识形态，在阶级社会中总是反映着统治阶级的利益。因此，不同阶级之间的道德具有相对独立性。

3. 全心全意为人民服务是中国革命道德的灵魂。

4. 为人民服务是社会主义道德的核心，集体主义是社会主义道德的原则。

5. 服务群众是社会主义职业道德中最高层次的要求，体现了社会主义职业道德的最高目标指向。

四、简答题

1. 简述道德的基本功能。

2. 简述中华传统美德的基本精神。

3. 简要回答中国革命道德的当代价值。

4. 简要回答网络生活的道德要求。

5. 简要回答职业道德的基本要求。

五、论述题

1. 当代大学生如何传承中华传统美德?

2. 当代大学生如何继承和发扬中国革命道德?

3. 社会主义道德的核心和原则。

4. 个人掌握道德修养的正确方法。

六、材料分析题

1. 结合材料回答问题。

材料 1

传承中华优秀传统文化是新时代我国道德建设的基础工程。忘记过去就意味着背叛。习近平总书记指出，“历史和现实都表明，一个抛弃了或者背叛了自己历史文化的民族，不仅不可能发展起来，而且很可能上演一场历史悲剧”。中华传统文化有崇仁爱、重民本、守诚信、讲辩证、尚和合、求大同等思想，有自强不息、敬业乐群、扶正扬善、扶危济困、见义勇为、孝老爱亲等传统美德。这些宝贵的文化资源，形成了独特的思想理念和道德规范，经过千百年的传承，已浸润于每个国人心中，成为日用而不觉的价值观，成为社会主义核心价值观的理论滋养，构成中国人的独特精神世界和文化基因，也为当代人类面临的道德难题和所从事的道德建设提供了有益启示。

——摘自沈永福《新时代我国道德建设的现实途径》①

材料 2

清末开始的中国法律改革运动是一种时代压迫下的主动变革。学习西法已成清末“立法者”的共识，但改革派内部开始论争法律移植所带来的中西文化传统的正面冲突。其中，法理派主张对法律体系进行“推倒重来”式的彻底改造；礼教派则主张渐进式的、适应社会情势和国民意识的变革方式。礼法之争的实质蕴涵其实是不同“文化类型”碰撞过程中发生的法律文化理念的交锋，体现了辩论主体自身的文化认同焦虑。

清末修律中的礼法之争总体上以法理派的胜利告终。在其后数十年的近代史演进中，反传统思潮和立场并未随之式微。尤其在经历时代变迁后，传统法律文化备受贬抑，已几乎达到断裂的程度。尽管改革开放后，我们的法律发展已逐渐回归正轨和理性，传统文化及其价值也重新引起人们的关注和重视，但是，法律文化和法律传统却仍

① 沈永福：《新时代我国道德建设的现实途径》，《光明日报》2018 年 2 月 12 日。

未能恰当地融入法治建设和社会生活的真实场景之中。当下，仍存在较为严重的法律与社会脱节、法治精神不彰以及“人惟权利之争”、道德约束乏力等现实问题，其根源或多或少无不可追溯于清末及其后进行的休克式的法律变革过程。

跳出礼法之争的时代框架来看，法理派的主张未必如其所激辩的那般“先进”和科学，因为毕竟他们所欲移植的西法相较于社会而言是超前而脱节的，全盘否认儒家礼法传统也是不恰当的。同样，礼教派关于循序渐进式法律改革的思路也并不如其批判者所声讨的那般保守和落后，相反，放在当前多元主义文化价值观的语境下，这种具有民族文化特性的法律观却更富说服力和可接受性。

——摘编自肖明明《清末“礼法之争”与法律文化认同》①

（1）如何理解“一个抛弃了或者背叛了自己历史文化的民族很可能上演一场历史悲剧”？

（2）结合材料，谈谈我们应当如何看待和传承传统道德文化。

① 肖明明：《清末“礼法之争”与法律文化认同》，《人民法院报》2018年9月21日。

2. 结合材料回答问题。

材料 1

从道德层面观察中国战疫，能得到怎样的启示？不妨先看看几个感人事例：

大年初一，山东省肿瘤医院护士于亚群报名支援湖北。对于自己的孩子冲锋在前、尽职尽责，作为党员的父亲说，“国事为大，不用操心家里”。

火神山医院动工之初，急缺人手。项目负责人说，已经休假的员工纷纷请战，“疫情严峻，必须一齐面对，共渡难关”。

重庆市璧山区，何厚元是乡镇卫生院院长，丈夫徐峰是 120 急救车驾驶员。在抗击疫情中，夫妻二人一个加紧摸排病患，一个随时待命转运病人，聚少离多却彼此鼓励，“大家平安，小家才安心”。

在突如其来的新冠肺炎疫情面前，人们没有退缩避让，而是团结起来、行动起来。有人来不及道别，留给孩子一个背影；有人没时间寒暄，留给亲人一封家书；有人顾不得疲惫，收拾包裹奔赴一线……无论在哪个工作岗位、无论何种职业身份，无数人舍小家为大家、舍小我顾大局。一切为了战胜疫情，冲锋不畏难；为了克服一切困难，奉献不言苦。全民战疫，众志成城，守望相助，成为集体主义的生动写照。

——摘自李洪兴《集体主义绽放新光芒》①

材料 2

面对这场艰苦卓绝的疫情防控斗争，中国人民展现出同舟共济、守望相助的家国情怀，彰显了中华民族的爱国主义、集体主义精神。

这样的数字让人震撼——400 多万名城乡社区工作者，织密 65 万个城乡社区防控网；7955.9 万党员自愿捐款 83.6 亿元支援疫情防控工作，396 名党员干部因公殉职；今年上半年，169 名民警、86 名辅警牺牲在岗位上；来自全国各地的 4 万名建设者昼夜奋战，只用了短短十多天建成武汉火神山医院、雷神山医院。每当有大灾大疫袭来，团结一致、共渡难关总是发自内心的共同信念，一方有难、八方支援总是成为义无反顾的集体行动。

——摘自《千磨万击还坚劲——抗疫斗争铸就伟大精神》②

材料 3

我是一名“快递小哥”。抗疫期间，我是一名志愿者，有人称我为“最美快递员”。

疫情突如其来，作为土生土长的武汉人，我反复想，自己能为家乡抗疫做点什么？除夕夜，我在微信朋友圈偶然看到，一位医护人员的打车需求发了 4 个小时，一直没人接单。交通停运了，如果她打不到车，步行回家就要 4 小时。我瞒着家人，接了这个单。刚开始，没有防护设备，只有一个口罩，我很紧张。我在想，白衣天使们节省一分钟，就有可能多救治一个生命，帮医护人员多节省一些时间，能挽救多少生命啊！我这么给自己鼓劲，勇气就上来了。当晚，我从金银潭医院往返接送了十几名医护人员。

众人拾柴火焰高。随着用车需求不断增加，我一个人根本忙不过来，就在微信群里

① 李洪兴：《集体主义绽放新光芒》，《人民日报》2020 年 4 月 15 日。

② 《千磨万击还坚劲——抗疫斗争铸就伟大精神》，《人民日报》2020 年 9 月 7 日。

招募志愿者，很快就组建了一支 30 人的志愿服务车队。志愿车队不断壮大，大家日夜兼程、风雨无阻，争当“生命摆渡人”。在抗击疫情期间共接送医护人员 7000 余人次。为了满足医护人员更多的用车需求，我们又联系共享单车运营公司增设投放点，联系网约车公司扩大接单范围。医护人员通勤车开通后，我们把更多精力用在帮助医护人员解决生活需求上。医护人员有什么需求，只要在群里喊一声，很快就有人冲上去。在志愿者队伍中的点点滴滴，让我深刻体会到，只要每个人力所能及地发一分光、一分热，必定能汇聚起夺取抗疫最终胜利的强大力量。

——摘自《弘扬伟大抗疫精神 新征程上当先锋建新功》[1]

（1）如何理解“全民战疫、众志成城、守望相助，成为集体主义的生动写照”？

（2）结合抗疫斗争说明志愿服务的重要作用。

① 《弘扬伟大抗疫精神 新征程上当先锋建新功》，《人民日报》2020 年 9 月 21 日。

3. 结合材料回答问题。

材料 1

2015 年五一劳动节前夕，央视新闻频道播出了《大国工匠》系列节目，讲述了 8 个工匠“八双劳动的手”所缔造的“神话”。节目播出之后，很快引起社会热议，在不到十天的时间里，相关话题的微博阅读量就超过了 3560 万次。人们发现，走入镜头的工匠们，他们文化不同，年龄有别，但拥有一个共同的闪光点——立足于本职工作，敬业奉献，数十年如一日地追求着职业技能的极致化，靠着传承和钻研，凭着专注和坚守，创造了一个又一个“中国制造”的奇迹。在 2016 年“两会”上，国务院总理李克强在《政府工作报告》中提出要积极培育“工匠精神”。“工匠精神”第一次正式写入政府工作报告。

“工匠精神”是一种职业精神。工匠们对所从事的事业的爱心和忠心，令人高山仰止。中国航天科技集团一院火箭总装厂高级技师高凤林，36 年一直从事火箭的“心脏”——发动机焊接工作，以国为重、扎根一线，是发动机焊接第一人，面对很多企业试图高薪聘请不为所动。他说：“每每看到自己生产的发动机把卫星送到太空，就有一种成功后的自豪感，这种自豪感用金钱买不到。”这也代表了大国工匠们的心声。

“工匠精神”是一种工作态度。在工匠们的心目中，制作出来的产品没有最好，只有更好。高凤林在 36 年的工作中，攻克了 200 多项技术难关，经他的手焊接了 140 多发火箭的发动机，焊接的焊缝总长度达到了 12 万多米，没有出现过一次质量问题。他先后获得过部院科技进步一等奖、国家科技进步二等奖、2014 年纽伦堡国际发明展览会金奖等 30 多种奖励，而这没有一丝不苟的工作态度显然是无法做到的。

随着时代的发展，工匠的工作或许会逐渐被机器所取代，但是“工匠精神”却不可能被代替。我国作为一个拥有“四大发明”的文明古国，具有历史悠久而技艺高超的手工业，薪火相传的能工巧匠们留下了数不胜数的传世佳作。我们今天弘扬“工匠精神”，不仅是对传统工匠技艺的留恋，而且是对一切职业的道德呼唤。“工匠精神”，不仅是制造业的需要，也不仅仅是企业家的需要，它代表了一个时代的气质，是我们每一个人对事业的追求和人生态度。

——摘编自秦晓鹰《中国需要“工匠精神”》①

（2017 年全国硕士研究生入学考试政治真题）

材料 2

中华民族历来有重家风、重家教、守家规的传统，好家风的事例可谓不胜枚举。

宋代的司马光，在给儿子司马康的家训——《训俭示康》中说道：“平生衣取蔽寒，食取充腹，亦不敢服垢弊以矫俗干名，但顺吾性而已。众人皆以奢靡为荣，吾心独以俭素为美。”司马光教育儿子要以俭素为美，不要以奢靡为荣，说的是个人志向，批评的是奢靡风气，令人信服。在他的言传身教下，家族后人也以贤德立身。

清代的郑板桥，自幼家贫，为官后生活条件虽然得以改善，但从未将所得俸银留作自家使用，而是分给亲友、乡邻。他在一封家信中写道：“每一念及，真含泪欲落也。

① 秦晓鹰：《中国需要“工匠精神”》，《中国青年报》2016 年 3 月 28 日。

汝持俸钱南归，可挨家比户，逐一散给。”他还开列了族人及亲友、同窗的具体名单，将俸银全部分完。郑板桥这种乐善好施的行为直到晚年都没有改变，在他的周围产生了广泛影响，更得到后世的赞赏。

周恩来一向视侄辈为己出，对他们的要求非常严格，并约定了十条家规，如不能丢下工作专程进京看望他，只有在出差路过时才可以来；进京看望他，一律住招待所，住宿费由他支付；一律到机关食堂排队就餐；不许动用公车；在任何场合都不能说出与自己的关系；不谋私利，不搞特殊化等。周恩来定下来的家规，自己做到了，他的侄辈也做到了。

——摘编自陆士伟《重读包拯与司马光家训》，李亚彬、严红枫《浙江百姓传家训重家风》等[①]

材料 3

家风是一个人精神成长的重要源头。有什么样的家风，往往就有什么样的做人做事态度、为人处世的风格。从一个人的举手投足到行为处事，能折射出好家风对他的影响，会让人看到父母长辈在他成长中精心抚育的印记。可以说，好家风的传承过程，同样也是延续优良文明基因的过程。

随着社会的发展，家风也要与时俱进，将不利于文明进步不利于社会和谐的因素剔除，不断被赋予新的内容。鉴于此，国家通过倡导家风建设，培育和践行社会主义核心价值观，给社会注入暖暖的正能量。

正如习近平总书记所说："家庭是社会的基本细胞，是人生第一所学校。不论时代发生多大变化，不论生活格局发生多大变化，我们都要重视家庭建设，注重家庭、注重家教、注重家风。”家风这个源头清澈了，更有利于好的党风、政风、民风和社风的形成。

——摘编自《春风吹暖家与国》[②] 等

（2016 年全国硕士研究生入学考试政治真题）

材料 4

“新年不欠旧账，今生不欠来生债”，这是孙东林和哥哥孙水林的共同准则。1989 年，孙东林和哥哥孙水林一同组建起建筑队伍，开始在北京、河南等地承接建筑工程和装饰工程。此后的 20 年中，无论遇到什么状况，孙东林从未拖欠过工人的工资。有时工程款不能及时拿到，他四处借钱也要坚持将工资按时发放。他说：“诚信，是为人之道，也是立足之本。”

2010 年 2 月 9 日，在天津承包建筑工程的孙水林，为抢在春节前赶回武汉给先期返乡的农民工发放工资，不顾路途遥远、天气恶劣，连夜赶路千里送薪。不料，2 月 10 日凌晨遭遇车祸，一家五口不幸遇难。得知噩耗，孙东林悲痛不已。为了替哥哥完成遗愿，他带上哥哥车上的 26 万元，连续驱车 15 小时，返乡代兄为农民工发放工资。两天

---

① 陆士伟：《重读包拯与司马光家训》，《光明日报》2014 年 3 月 27 日；李亚彬、严红枫：《浙江百姓传家训重家风》，《光明日报》2014 年 12 月 25 日。

② 本报记者：《春风吹暖家与国》，《光明日报》2015 年 2 月 19 日。

未合眼的孙东林流着泪赶回家中，和老人商议决定，先替哥哥完成遗愿，年前发完工钱再办丧事。他自己垫上6万以后，还差1万多元。这个时候，他们的老母亲拿着1万块现金交到儿子手上。这可是老人家的养老钱呀！

随后，孙家立即让工友互相通知上门领钱。发工钱的时候，孙东林和工友找不到账单，都是凭着一本“良心账”，工友们说多少，孙东林就给多少。腊月二十九晚上，33.6万元工钱全部发完，竟与哥哥遇难前哥俩说过的数额相差无几。69名拿着工钱的工友对孙东林说：“明年我们跟你接着干。”

——摘编自《践信守诺 感动中国——记“信义兄弟”孙东林》①

（2012年全国硕士研究生入学考试政治真题）

（1）结合材料1，谈谈为什么说弘扬“工匠精神”是对一切职业道德的呼唤。

（2）结合材料2、材料3，谈谈为什么说“好的家风的传承过程，同时也是延续优良文明基因的过程”。

① 《践信守诺 感动中国——记“信义兄弟”孙东林》，《人民日报》2011年8月7日。

(3) 结合材料 4 的事例，谈谈你是怎样理解诚信及其道德力量的。

(4) 结合上述材料，谈谈你对社会主义道德基本要求的理解。

第六章　尊法学法守法用法

第一模块　学习引导

法治兴则国家兴，法治衰则国家衰。什么时候重视法治、法治昌明，什么时候就国泰民安；什么时候忽视法治、法治松弛，什么时候就国乱民怨。法律是什么？最形象的说法就是准绳。用法律的准绳去衡量、规范、引导社会生活，这就是法治。

一、学习目标

1. 正确理解我国社会主义法律的本质和作用。
2. 充分认识宪法的地位。
3. 整体把握中国特色社会主义法律体系、法治体系和法治道路。
4. 培养法治思维。
5. 依法行使法律权利与履行法律义务，自觉尊法学法守法用法。

二、学习重难点

1. 社会主义法律的本质特征。
2. 宪法的地位和基本原则。
3. 建设中国特色社会主义法治体系的意义。
4. 法治思维的基本内容和培养法治思维的途径。
5. 尊重和维护法律权威的重要意义和基本要求。
6. 法律权利与法律义务的含义及其关系。
7. 我国宪法法律规定的权利与义务。

三、知识结构

- 尊法学法守法用法
  - 社会主义法律的特征和运行
    - 法律及其历史发展
    - 我国社会主义法律的本质特征
    - 我国社会主义法律的运行
  - 以宪法为核心的中国特色社会主义法律体系
    - 宪法是国家的根本法
    - 我国的实体法律部门
    - 我国的程序法律部门
  - 建设中国特色社会主义法治体系
    - 重大意义
    - 主要内容
    - 全面依法治国的基本格局
  - 坚持走中国特色社会主义法治道路
    - 坚持中国共产党的领导
    - 坚持人民主体地位
    - 坚持法律面前人人平等
    - 坚持依法治国与以德治国相结合
    - 坚持从中国实际出发
  - 培养法治思维
    - 法治思维及其内涵
    - 尊重和维护法律权威
    - 怎样培养法治思维
  - 依法行使权利与履行义务
    - 法律权利与法律义务
    - 依法行使法律权利
    - 依法履行法律义务

第二模块　经典导读

【经典导读一】

2020 年度人民法院十大案件[①]

由人民法院报编辑部评选出的 2020 年度人民法院十大案件 8 日发布。本次评选的包括刑事、民事、行政在内的十个案件均为人民法院报 2020 年所报道的具有重大影响力、社会广泛关注、审判结果具有重大突破、对公序良俗有重要示范引领作用的案件。

评选出的十大案件包括：黑龙江鸿基米兰开发公司系列虚假诉讼案、海南黄鸿发特

---

① 《人民法院报评出 2020 年度人民法院十大案件》，https://www.chinacourt.org/article/detail/2021/01/id/5709718.shtml。

大涉黑案、云南马建国刺死疫情防控人员案、“红通人员”姚锦旗受贿案、腾讯诉盈讯科技侵害著作权纠纷案、广州摘杨梅坠亡再审案、福建章公祖师肉身坐佛像追索案、江西三清山巨蟒峰损毁案、尚某状告江苏如东县民政局案、康文森公司与华为公司专利纠纷案。

……

人民法院回应社会关切、为公平正义保驾护航得到了专家学者们的充分肯定。这十大案件展示了过去一年中，人民法院在维护司法权威和公信力、推进扫黑除恶专项斗争、依法惩处妨害疫情防控犯罪、保护知识产权、弘扬社会主义核心价值观、保障生态文明建设等诸多领域作出的努力，也反映了人民法院在定分止争、保障人民群众合法权益等方面所作的贡献。

本书摘选其中四个案例供同学们阅读与思考。

案件一

黑龙江鸿基米兰开发公司系列虚假诉讼案

——人民法院对虚假诉讼开出最大罚单案

鸿基米兰开发公司因建设工程施工合同纠纷被黑龙江高院裁定查封名下268套房产，为阻却法院对查封房屋的执行，鸿基米兰开发公司幕后组织部分购房者向黑龙江高院提出执行异议。在全部128件执行异议之诉案件中，有63件所谓“购房者”系基于虚假事实并冒用他人名义提起。2020年12月，最高法院、黑龙江高院对该批63件案件合计罚款6300万元。

卢建平（北京师范大学法学院教授）点评：

自实行立案登记制以来，我国民商事案件连年增长，与此同时，虚假诉讼的数量也在上升。虚假诉讼危害巨大：首先它直接破坏司法权威和公信力，践踏神圣而庄严的法律，变国家治理公器的司法为谋取私利的工具，严重侵害诉讼相对人的合法权益；其次是严重挤占和浪费司法资源，使原已不堪重负的司法机关雪上加霜；再次是衍生出诸多关联犯罪行为；最后是损害社会诚信尤其是商业诚信、行业诚信，助推道德滑坡。虚假诉讼日渐成为妨害诚信社会、和谐社会和法治社会建设的一大“毒瘤”，因此必须从全面推进社会主义现代化强国和法治国家建设的高度认识惩治虚假诉讼的重要性。

党的十八届四中全会决定明确要求“加大对虚假诉讼、恶意诉讼、无理缠诉行为的惩治力度”。2015年刑法修正案（九）增设了虚假诉讼罪；“两高”也发布了《关于防范和制裁虚假诉讼的指导意见》《关于办理虚假诉讼刑事案件适用法律若干问题的解释》等司法文件。对于鸿基米兰公司如此大规模的虚假诉讼行为，依法科处巨额罚单，并继续追究其刑事责任，表明了司法机关对虚假诉讼绝不妥协的态度，司法权威是不容亵渎的！

案件二

江西三清山巨蟒峰损毁案

——首例故意损毁自然遗迹入刑的环境公益诉讼案

2017 年 4 月 15 日，张某明等三人携带电钻、岩钉等工具攀爬三清山巨蟒峰。张某明使用电钻在巨蟒峰岩体上钻孔，再用铁锤将岩钉打入孔内。经勘查，张某明在巨蟒峰上打入岩钉 26 个，对巨蟒峰地质遗迹点造成了严重损毁。2020 年 5 月，江西高院维持了上饶中院的判决，以故意损毁名胜古迹罪判罚被告人张某明等二人；环境民事公益诉讼中，判决三被告赔礼道歉、赔偿环境资源损失 600 万元等。

林灿铃（中国政法大学教授）点评：

2020 年 5 月 18 日江西高院对“三清山巨蟒峰损毁案”进行了二审公开宣判。作为全国首例故意损毁自然遗迹入刑的刑事案件和全国首例检察机关针对损毁自然遗迹提起的生态破坏环境民事公益诉讼案，该案的公开宣判具有极其重要的警示意义和实践价值。

人类是自然的一部分，生命有赖于自然系统的功能维持不坠。地球在长期的演变中形成的由物质和生物结构或这类结构群组成的地质和地文结构，尤其是具有突出的普遍价值的珍贵自然景观，从审美或科学角度看，其于人类都具有重要价值。

本案的公开宣判给人们在旅游中的不文明行为画出一道法律红线，警示世人不得破坏具有突出的普遍价值的自然景观，不仅是对三被告人所实施行为的否定评价，同时也体现了严格的保护生态环境的司法理念，明确传达了保护自然遗产和名胜古迹的司法价值导向，进而引导社会公众树立正确的生态文明观，深化环境公益诉讼理念，进一步明确了在推进生态文明建设的进程中，每个人都应承担的生态环境保护义务，珍惜和善待人类赖以生存和发展的自然资源和生态环境，并以此规范人们的环境行为，维护法律尊严。

案件三

腾讯诉盈讯科技侵害著作权纠纷案

——首例人工智能生成文章作品纠纷案

2018 年 8 月，腾讯公司在其网站上首次发表了标题为《午评：沪指小幅上涨 0.11%报 2671.93 点通信运营、石油开采等板块领涨》的财经文章，末尾注明“本文由腾讯机器人 Dreamwriter 自动撰写”。同日，盈讯科技在其运营网站发布了相同文章。腾讯公司认为，涉案文章作品的著作权应归其所有，盈讯科技的行为侵犯了其信息网络传播权并构成不正当竞争。2020 年 1 月，深圳南山区法院审理认定，涉案文章属于我国著作权法所保护的文字作品，是原告主持创作的法人作品。

龙卫球（北京航空航天大学法学院教授）点评：

本案涉及人工智能自动生成的文章是否构成作品的法律问题。人工智能技术和产业的迅猛发展，对现有法律体系特别是著作权保护体系提出了巨大挑战，其中人工智能能

否成为著作权主体，人工智能生成的内容能否构成著作权客体的作品，在国内外存在广泛争议。人工智能能否具有独立的法律人格，成立私法上的民事主体资格，需要国家法律的明确规定或认可。从国外知识产权法律体系回应人工智能发展情况来看，美国、英国和日本也分别进行了不同的尝试，各有利弊。

我国司法实践对于人工智能自动生成的文章是否构成作品，正在进行相应的探索。一段时间以来，法院的基本观点是，司法争议的人工智能的法律主体资格有待法律予以明确规定，但对于人工智能自动生成的相关内容还需要加以保护。

例如，2019 年 5 月，北京互联网法院一审公开宣判北京菲林律师事务所诉北京百度网讯科技有限公司侵害署名权、保护作品完整权、信息网络传播权纠纷案认定，计算机软件智能生成的涉案文章内容不构成作品，但同时指出其相关内容亦不能自由使用。其理由是：根据现行法律规定，文字作品应由自然人创作完成。

但在本案，即深圳市腾讯计算机系统有限公司诉上海盈某科技有限公司侵害著作权及不正当竞争纠纷案，出现了新的发展迹象。2020 年 3 月，深圳市南山区人民法院一审审结本案，明确认定人工智能生成的文章构成作品。

【经典导读二】

买信用卡代购仿制药品案①

2014 年 12 月，湖南省沅江市人民检察院、法院收到一封 300 多名白血病患者的联名信。信中请求司法机关可以认定陆勇无罪，免于刑事处罚。在这封联名信上签名的还包括江苏省某大学副教授、兼职律师陆某。究竟陆勇是何许人也，为什么如此多的人为他求情？事情还得从 2002 年说起。

身为江苏无锡一家针织品出口企业的老板，陆勇在 2002 年被查出患有慢性粒细胞白血病，当时医生推荐他服用瑞士诺华公司生产的名为“格列卫”的抗癌药。这种药品效果不错，但就是价格太高（23500 元/盒），且不能进入医保报销，所以，没用两年陆勇的家底就被掏空了。

2004 年转机出现。陆勇发现了印度生产的仿制“格列卫”抗癌药，药效几乎相同，但一盒仅售 4000 元，如从印度直接购买此药仅需 3000 元。更可喜的是，陆勇试吃印度仿制“格列卫”抗癌药一个月后，经医院检查，各项指标均正常。于是，陆勇立即通过自己建立的全国第一个慢性粒细胞白血病 QQ 互助群将这种生的希望分享给了病友。很多病友开始服用这种药，陆勇的 QQ 群也在不断扩大，目前已有 5 个群，4000 名左右的成员，有上千人通过他购药。虽然此药效果不错，并且价格已经跌至了每盒 200 元左右，但从印度公司购药非常麻烦，尤其对广大不懂英文的普通农民来说。为了帮助病友购药，陆勇从网上买了 3 张信用卡，并将其中一张卡交给印度公司作为收款账号，另外两张卡因为无法激活，被他丢掉。2013 年 8 月下旬，湖南省阮江市公安局在查办个一网络银行卡贩卖团伙时，将曾购买信用卡的陆勇抓获。2014 年 3 月 19 日，陆勇被取保

① 柳建营：《“思想道德修养与法律基础”问题链教学详案》，北京：中国人民大学出版社，2017 年版。

候审。7月21日，阮江市人民检察院以妨害信用卡罪、销售假药罪对陆勇提起公诉。

事情发展到此，就出现了前面300多名病友联名求情。有患者在信中写道："进口格列卫费用昂贵，吃不起如同等死，印度仿制药的出现，才增加了我活下去的勇气，请给慢性粒细胞白血病患者一些活路吧，以人为本才是正路。""陆勇是我们白血病患者的救命恩人，他的行为是善举，在他的努力下挽救了多少个家庭和病人，他未从中收取任何费用，而且印度药效果很好，怎么会是假药呢？国家不把治白血病的药纳入医保那我们只能自救，不能等死啊！""广大病友向印度购买廉价的仿制药是集体自救行为，陆勇只是为他们提供了帮助。"

究竟陆勇是有罪还是无罪？如果你是法官，你会如何判决这么一个为救人而违反法律规定的病友眼中的"好人"呢？

【经典导读三】

陆勇被释，应促良法善治普及①

近日，一位名叫陆勇的慢粒白血病患者，在高药价的现实逼迫下，走上了海外代购国外仿制药的道路，他也为很多病友代购了这种药物。而他也因此经历了被公诉、被逮捕，到最终的公诉撤销、起诉撤回、重获自由的"剧情反转"。(2月1日《北京日报》)

备受关注的陆勇案，终有了一个良善的结局。只是，与此而来的相关思考却不应迅速画上句号。陆勇案的大团圆式结局，公众开心，司法部门安心，公共监督力量满意，但必须看到的是，推动陆勇案朝着实体正义角度前进的力量，仍然是一种舆论合力。换言之，我们必须思考的是，如果没有如此大的强烈关注，没有陆勇身后的诸多病友的力挺，这样一个案件能否迎来一个好的结局？

答案是模糊的。因为陆勇虽然值得同情，但在现行法律框架下，他却又是违法的。如何衡量他的违法事实，如何基于代购药的现状给陆勇一个公正的判决，这考验着司法部门的判决智慧。一定层面上来说，陆勇案若脱离聚光灯效应，其所迎来的必然是法律的严惩。因此，陆勇虽被释放，但对于下一个陆勇案而言，能不能有同样的美好结局，仍是一个问号。以此而言，公众对陆勇的关心，不应随着案件的结束而结束，应该基于此一良善结局，提出类似陆勇案的普遍解决模式，促进法律本身的进步。

陆勇代购外国药品何以违法，是因为他所购买的国外仿制药没有经过审批。而现实的悖论则提醒我们，陆勇们远没有时间去等待这样的药品变为合法。对于生命垂危的他们而言，这种选择无疑具有急迫性。因为类似白血病一类的疾病，本就考验一个家庭的经济收入能力。即使有其他类似的药品能够替代这种进口仿制药，但价格昂贵，怎又能承受得起？曾为"私企小老板"的陆勇不是没吃过原装药，是因为消费能力最终无法承受，才转而走向仿制药。显然，对于更多经济能力远不如他的人而言，吃原装药就像是"天方夜谭"。

---

① 杨兴东：《陆勇被释，应促良法善治普及》，http://opinion.people.com.cn/n/2015/0202/c159301-26487594.html。

一面是急于治病的现实，一面是刚性的法律约束。显然，陆勇个人的被释放不代表这一场伦理与法理的冲突到此结束。毕竟，陆勇的困境不是他一个人的困境。他背后有着一批又一批贫困的白血病患者，陆勇不过其中名声较大的一个。因此，相关机关必须思考的是如何让陆勇案的结束成为解决此类法理与伦理冲突的一个良好开始。基于目前此类病的救治现实，司法部门可以从陆勇案出发，推动有关药品销售的司法监管改革，参考十八届四中全会指出的“良法是善治前提”以及相关专家所说“药品销售是否有罪，应该看药品本身而不是是否通过审批”完善相关方面立法，在法理与伦理之间找准一个最大公约数，既尊重白血病患者的现实需求，又堵住以此而非法牟利的空间，实现法理与伦理的双赢。

第三模块　实践拓展

【项目一】课堂讨论

法治思维是以法治价值和法治精神为导向，运用法律原则、法律规制、法律方法思考和处理问题的思维模式。法治思维包含以下几层含义：第一，法治思维以法治价值和法治精神为指导，蕴含着公正、平等、民主、人权等法治理念，是一种正当性思维；第二，法治思维以法律原则和法律规则为依据来指导人们的社会行为，是一种规范性思维；第三，法治思维以法律手段与法律方式为依托分析问题、处理问题、解决纠纷，是一种可靠的逻辑思维；第四，法治思维是一种符合规律、尊重事实的科学思维。因此，法治思维是一种融法律的价值属性和工具理性于一体的特殊的高级法律意识。

1. 道德和法律出现冲突时，你会怎么做？

5~6 人为一组，分小组讨论，以本章第二模块“经典导读”中的陆勇案为例，谈谈你对此案的看法，并分析此案例中所体现出的法治思维。讨论流程一般为：主题→思考→讨论→整合→总结。小组讨论结束后，每一组选一名代表总结发言。

2. 维护权利一定天经地义吗？

现在，人们越来越注重维护自己的权利，这是一件好事。但是，与此同时，我们也需要注意，要依法行使权利。如果在维护自身权利的同时，超过了法律的界限，就会把有道理变成没道理，要为自己的行为付出代价。

2015 年，“成都男司机暴打女司机”一案在网上引起网友们的热议。网友们看到行车记录仪中记录的女司机连续两次变道、碾压实线挑衅男司机的视频后，对该事件责任判定的观点开始分化。有的网友认为女司机违章变道挑衅在前，大呼“活该”“打得好”。当人们认为自己的权利受到侵害的时候，是不是做出任何行为都可以呢？

“成都男司机暴打女司机”一案，7 月 27 日上午在成都市锦江区人民法院开庭审理。被告人张某因涉嫌犯故意伤害罪被提起公诉，该案将择期宣判。

据公诉机关指控，2015 年 5 月 3 日 14 时 12 分许，被告人张某因对被害人卢某驾车违规变道不满，也驾车违规变道追出三环主道，两人在成都市锦江区三环路航天立交桥至娇子立交桥辅道路段驾车相互追赶、挤靠。后被告人张某在娇子立交桥下将被害人卢某驾驶的车辆逼停，将其拖出车辆驾驶室，用脚手踢打被害人头面部等处，致其左前颧弓骨骨折、左上颌骨骨折、左眼眶骨折。经法医学鉴定，其损伤程度为轻伤二级。

殴打结束后，被告人张某将散落在地面的被害人卢某的财物捡起放回其驾驶的车辆内后，回到自己驾驶的车辆内，被群众围住，后被接 110 指令到达现场的民警挡获。

庭审中，公诉机关当庭出示、宣读了被告人供述、被害人陈述、证人证言、视听资料、鉴定意见等证据，控辩双方进行了充分的质证。公诉机关认为，被告人张某故意伤害他人身体，致人轻伤，其行为触犯了《中华人民共和国刑法》第二百三十四条第一款之规定，应以故意伤害罪追究其刑事责任。

被告人张某当庭认罪悔罪，并自行进行了辩护，其辩护人也发表了辩护意见。

记者还了解到，该案刑事附带民事部分经成都市锦江区法院主持调解，被告人张某及其亲属与被害人达成赔偿协议，被告人及其亲属支付被害人卢某此次受伤造成的各项损失人民币 4 万元。被害人对被告人的行为予以谅解，并出具谅解书。

5～6 人为一组，分小组讨论，谈谈你对此案件看法。讨论流程一般为：主题→思考→讨论→整合→总结。小组讨论结束后，每一组选一名代表总结发言。

【项目二】社会观察

1. 实践主题。

结合课堂上所学的法律基本理论，围绕“如何才能培养法治思维、树立法律信仰”开展社会观察实践活动，并撰写社会观察实践报告。

2. 实践安排。

（1）具体形式不限：可以选择收看与本课程相关的《今日说法》等法治节目；可以收集评析有关法律案件的网络观点；可以去法院聆听一次审判；可以就某一社会法治热点访谈法学院师生；等等。

（2）分组设计实践活动实施方案，并提交教师指导，方案通过后展开实践活动，活动后撰写实践报告，提交实践视频、照片和实践报告。

3. 实践要求。

（1）实践报告要求格式工整、形式完整，内容有深度和独立的思考，字数不少于 3000 字。

（2）在进行实践活动的过程中，务必注意安全，同时要充分尊重受访者的个人隐私，尽量通过社会观察的方式开展实践活动。

【项目三】影视推荐

1.《法治中国》，由中共中央宣传部、中央电视台联合制作，2017 年由中央电视台综合频道首播。

本片是为全面总结展示全面依法治国的历史性变革和辉煌成就，由中央组织拍摄的六集政论专题片。六集分别为《奉法者强》《大智立法》《依法行政》《公正司法（上）》

《公正司法（下）》《全民守法》。专题片以建设法治中国为主题，以党的十八大以来中央关于全面依法治国重大决策部署和重大成就为主线，内容涵盖法治建设主要方面，既有权威、严谨的理论阐述，突出的思想性和理论深度，又有丰富、生动的案例故事，体现人民群众因法治进步而不断增强的获得感和幸福感。

2.《人民的名义》，由最高人民检察院影视中心、中央军委后勤保障部金盾影视中心联合出品，2017 年由湖南卫视首播。

本片讲述了当代检察官维护公平正义、查办贪腐案件的故事。在湖南卫视收视率一度突破 8%，刷新了近十年省级卫视收视的最高纪录。本剧不但可以让人们学到司法系统侦办案件的法律知识，更重要的是有助于人们树立法治信仰、维护法律权威。

第四模块　自测练习

一、单项选择题

1. 法律由一定社会的物质生活条件所决定，其中决定法律本质、内容和发展方向的根本因素是（　　）。

A. 地理环境　　B. 人口的素质和密度

C. 物质资料生产方式　　D. 统治阶级的意志

2. 从本质上说，我国社会主义法律是中国特色社会主义制度的重要组成部分，是党领导人民当家作主的制度保障。我国社会主义法律最本质特征的具体表现是（　　）。

A. 党的领导力量的体现　　B. 尊重和反映社会发展规律

C. 中国特色社会主义建设的重要保障　　D. 具有科学性和先进性

3. 法律的本质就是统治阶级实现阶级统治的工具。具体来说，它是指国家按照统治阶级的利益制定或认可，并以国家强制力保证实施的行为规范的总和。法律是统治阶级意志的体现，下列对此理解正确的是（　　）。

A. 法律体现的是个别统治者的意志

B. 法律是统治者个人意志的总和

C. 统治阶级的意志全部体现在法律之中

D. 统治阶级的意志仅仅是指上升为国家意志的那部分意志

4. 法律的运行是一个从创制、实施到实现的过程。这个过程主要包括法律制定、法律执行、法律适用、法律遵守等环节。其中，国家对权利和义务，即社会利益和负担进行的权威性分配是属于（　　）。

A. 法律制定　　B. 法律执行

C. 法律适用　　D. 法律遵守

5. 法律的运行是一个从创制、实施到实现的过程。这个过程主要包括法律制定、法律执行、法律适用、法律遵守等环节。其中，法律运行的起始性和关键性环节是

(　　)。

A. 法律制定　　B. 法律执行

C. 法律适用　　D. 法律遵守

6. 法律适用是指国家司法机关及其公职人员依照法定职权和程序适用法律处理案件的专门活动。司法的基本要求是（　　）。

A. 司法公正　　B. 公民在法律面前一律平等

C. 以事实为依据，以法律为准绳　　D. 正确、合法、合理、及时

7. 法律遵守是法律运行过程中的一个环节，是指国家机关、社会组织和公民个人依照法律规定行使权利和权力以及履行职责和义务的活动。在法律运行过程中，法律实施和实现的基本途径是（　　）。

A. 立法　　B. 执法　　C. 司法　　D. 守法

8. 国家司法机关及其公职人员依照法定职权和程序使用法律处理案件的专门活动，称为（　　）。

A. 法律执行　　B. 法律制裁

C. 法律遵守　　D. 法律适用

9. 法律的指引作用是主要是通过授权性规范、禁止性规范和义务性规范三种规范形式来实现的，其中义务性规范是告诉人们（　　）。（2011年全国硕士研究生入学考试政治真题）

A. 不得或者不准做什么

B. 可以或者有权做什么

C. 应该或者必须做什么

D. 能够或者不能够做什么

10. 我国宪法将“尊重和保障人权”规定为一项基本原则。法律的重要使命就是充分尊重和保障人权。其中，人权保障的最后防线是（　　）。

A. 宪法保障　　B. 立法保障

C. 行政保护　　D. 司法保障

11. 我国宪法对中国共产党领导地位和执政地位的规定，是对国家性质和根本制度的确认，集中体现了党的主张和人民意志的高度统一。这体现了宪法基本原则中的（　　）。

A. 党的领导原则　　B. 人民主权原则

C. 人权原则　　D. 法治原则

12. 我国宪法规定，在我国国家机构体系中，行使国家立法权、决定国家重大事项、监督其他国家机关工作等职权的是（　　）。

A. 国务院　　B. 全国人民代表大会

C. 中央军事委员会　　D. 国家主席

13. 我国的国体是（　　）。

A. 人民民主专政　　B. 人民代表大会制度

C. 社会主义　　D. 人民当家作主

14. 中国特色社会主义法律体系是以我国全部现行法律规范按照一定的标准和原则

划分为不同的法律部门，并由这些法律部门所构成的具有内在联系的统一整体。每一法律部门均由一系列调整相同类型社会关系的众多法律、法规所构成。下列属于程序法律部门的是（　　）。

A. 公司法　　B. 诉讼法　　C. 经济法　　D. 仲裁法

15. 法律制定就是有立法权的国家机关依照法定职权和程序制定规范性法律文件的活动。是法律运行的起始性和关键性环节。根据我国宪法、立法法等法律的规定，负责制定行政法规的主体是（　　）。

A. 全国人民代表大会　　B. 全国人民代表大会常务委员会

C. 国务院　　D. 国务院各部门

16. 中国特色社会主义法律体系是以我国全部现行法律规范按照一定的标准和原则划分为不同的法律部门，并由这些法律部门所构成的具有内在联系的统一整体。每一法律部门均由一系列调整相同类型社会关系的众多法律、法规所构成。下列选项中属于独立法律部门的是（　　）。（2012 年全国硕士研究生入学考试政治真题）

A. 知识产权法　　B. 商法

C. 公司法　　D. 民法商法

17.《香港特别行政区基本法》属于（　　）。

A. 行政法　　B. 民法

C. 宪法基本法　　D. 社会保障法

18. 全面提高公民道德素质，要坚持依法治国和以德治国相结合，加强社会公德、职业道德、家庭美德、个人品德教育，弘扬中华传统美德，弘扬时代新风。下列选项中，既是道德规范又是法律原则的是（　　）。（2013 年全国硕士研究生入学考试政治真题）

A. 爱岗敬业　　B. 诚实守信

C. 助人为乐　　D. 勤俭持家

19. 以“和为贵”是中华民族的传统美德，采用调解的方法解决纠纷，有利于社会和谐。调解可以在诉讼程序外进行，也可以在诉讼程序内进行，诉讼中调解是指（　　）。（2013 年全国硕士研究生入学考试政治真题）

A. 人民调解　　B. 行政调解

C. 司法调解　　D. 仲裁调解

20. 建设中国特色社会主义法治体系的前提和基础是（　　）。

A. 制定规范性法律文件

B. 完善以宪法为核心的中国特色社会主义法律体系

C. 贯彻和实施法律

D. 行使权利和权力以及履行职责和义务

21. 建设中国特色社会主义法治体系，就是在中国共产党领导下，坚持中国特色社会主义制度，贯彻中国特色社会主义法治理论，形成完备的法律规范体系、高效的法治实施体系、严密的法治监督体系、有力的法治保障体系，形成完善的党内法规体系。其中，建设中国特色社会主义法治体系的重点是（　　）。

A. 完备的法律规范体系

B. 高效的法治实施体系

C. 严密的法治监督体系

D. 完善的党内法规体系

22. 建设中国特色社会主义法治体系，就是在中国共产党领导下，坚持中国特色社会主义制度，贯彻中国特色社会主义政治理论形成完备的法律规范体系、高效的法治实施体系、严密的法治监督体系、有力的法治保障体系，形成完备的党内法规体系。其中，完备的法律规范体系是（　　）。

A. 中国特色社会主义法治体系的重点

B. 中国特色社会主义法治体系的本质要求

C. 中国特色社会主义法治体系的重要内容

D. 中国特色社会主义法治体系的前提

23. “立善法于天下，则天下治；立善法于一国，则一国治。”法律是治国之重器，立法是法治的龙头环节。科学立法的目标是（　　）。

A. 深入推进依法行政，加快建设法治政府

B. 维护社会公平正义

C. 增强全民法治观念，推进法治社会建设

D. 完善以宪法为核心的中国特色社会主义法律体系

24. 中国特色社会主义法治道路，明确了建设社会主义法治国家的性质和方向，是社会主义法治建设成就和经验的集中体现，是中国特色社会主义道路在法治领域的具体体现，是建设社会主义法治国家的正确道路。社会主义法治的根本要求是（　　）。

A. 坚持中国共产党的领导

B. 坚持人民主体地位

C. 坚持法律面前人人平等

D. 坚持依法治国与以德治国相结合

25. 法治思维与人治思维的区别集中体现在多个方面，其中法治思维与人治思维的分水岭在于（　　）。

A. 以事实为依据，还是人高于法

B. 有没有法律，或者法律的多寡与好坏

C. 集中社会大众的意志还是少数人的集权专断

D. 最高的权威究竟是个人还是法律

26. 培养法治思维，必须摒弃人治思维。法治思维与人治思维的区别集中体现在多个方面，其中法治思维与人治思维的在价值上的区别体现为（　　）。

A. 是否以事实为依据，以法律为准绳

B. 是否坚持法律面前人人平等

C. 是否集中社会大众的意志来进行决策和判断

D. 是否服从法律的权威，强调民主制度化、法律化

27. 全面推进依法治国，涉及立法、执法、司法、守法等各个方面，涉及中国特色

社会主义事业“五位一体”总体布局的各个领域，必须加强顶层设计、统筹谋划，在实际工作中必须有一个总揽全局、牵引各方的总抓手。全面依法治国的总抓手是（　　）。（2013 年全国硕士研究生入学考试政治真题）

A. 依法治国和以德治国相结合

B. 建设中国特色社会主义法治体系

C. 坚持有法可依、有法必依

D. 坚持科学立法、严格执法

28. 我国宪法明确规定实行依法治国，建设社会主义法治国家。依法治国的根本要求是（　　）。（2012 年全国硕士研究生入学考试政治真题）

A. 有法可依、有法必依、执法必严、违法必究

B. 保障公民的知情权、参与权、表达权、监督权

C. 立法公开、执法公平、司法公正

D. 社会生活的法制化、规范化、民主化

29. 习近平总书记在《关于〈中共中央关于全面推进依法治国若干重大问题的决定〉的说明》中引用了英国哲学家培根的一句话：“一次不公正的审判，其恶果甚至超过十次犯罪。因为犯罪虽是无视法律——好比污染了水流，而不公正的审判则毁坏法律——好比污染了水源。”这说明公正司法的重要性。公正司法是（　　）。（2018 全国硕士研究生入学考试政治真题）

A. 社会公正的唯一标准

B. 社会公正的最终目标

C. 维护社会公平正义的最后一道防线

D. 维护社会公平正义的决定因素

30. 社会主义法治观念的核心要求和建设社会主义法治国家的前提条件是（　　）。

A. 树立崇尚法律、信仰法律的牢固观念

B. 捍卫法律尊严，保障法律实施

C. 尊重和维护法律权威

D. 拥护法律的规定，接受法律的约束

31. 新时代我国社会主义法治建设的重大成果，新中国成立以来第一部以“法典”命名的法律是（　　）。

A.《中华人民共和国民法典》　　B.《中华人民共和国宪法典》

C.《中华人民共和国刑法典》　　D.《中华人民共和国行政法典》

32. 2020 年 5 月 29 日，中共中央政治局就“切实实施民法典”举行第二十次集体学习，习近平总书记强调：“维护民法典权威的有效手段是（　　）。”

A. 加强民法典重大意义的宣传教育

B. 严格规范公正文明执法，提高司法公信力

C. 加强民事立法相关工作

D. 加强民法典普法工作

33. 马克思主义认为，权利的产生、发展和实现都必须以一定的社会经济条件为基

础，即“权利决不能超出社会的经济结构以及由经济结构制约的社会的文化发展”。马克思主义权利观与其他权利观的根本区别在于（　　）。

A. 认为权利是天赋的，是与生俱来的

B. 认为权利是由人与人之间的社会关系而产生的

C. 强调社会的物质生活条件对权利的制约和决定作用

D. 主张权利的内容和保障均由法律规定

34. 权利保障主要是指对公民权利的法律保障，具体包括公民权利的宪法保障、立法保障、行政保护和司法保障，其中人权保障的前提和基础是（　　）。

A. 宪法保障　　B. 立法保障

C. 行政保护　　D. 司法保护

35. 习近平总书记在十九届中央政治局第十七次集体学习时指出：“古人说：‘经国序民，正其制度。’意思说，治理国家，使人民安然有序，就要健全各项制度。新中国成立70多年来，我们党领导人民不断探索实践，逐步形成了中国特色社会主义国家制度和法律制度，为当代中国发展进步提供了根本保障，也为新时代推进国家制度和法律制度建设提供了重要经验。”其中，社会主义法治的基本要求是（　　）。

A. 坚持法律面前人人平等

B. 坚持权利和义务的辩证统一

C. 坚持德治与法治相结合

D. 坚持法治思维与人治思维相结合

36. 安徽山区某村的小学年久失修，存在严重的安全隐患。村里本应对校舍进行修缮，但拿不出那么多钱，怎么办呢？该村的村民委员会主任马某决定向县林业局争取砍伐40立方米木材的指标，用它作为修建的材料和经费。结果由于成本提高，马某擅自带领村民们多砍了200立方米木材。当一座漂亮的学校将要竣工时，公安人员带走了马某。马某的行为触犯了《刑法》和《森林法》，被判处有期徒刑2年。依法行使法律权利是体现权利行使的正当性和保障权利实现的充分必要条件。下列关于依法行使法律权利的界限表述错误的是（　　）。

A. 符合权利行使的目的

B. 符合权利行使的限度

C. 符合权利行使的可能

D. 符合权利行使的程序

37. 建设中国特色社会主义法治体系是全力推进法治中国建设的重要内容，是实现国家治理体系和治理能力现代化的重大战略部署，对全面依法治国具有纲举目张的意义。建设中国特色社会主义法治体系的前提是（　　）。

A. 完备的法律规范体系

B. 高效的法治实施体系

C. 有力的法治保障体系

D. 完善的党内法规体系

38. 我国宪法将“国家尊重和保障人权”规定为一项基本原则。法律的重要使命是充分尊重和保障人权，人权的法律保障包括宪法保障、立法保障、行政保护和司法保障。其中，宪法保障是（　　）。（2016 年全国硕士研究生入学考试政治真题）

A. 人权保障的前提和基础

B. 人权保障的重要条件

C. 人权保障的关键环节

D. 人权保障的最后防线

39. 权利保障包括宪法保障、立法保障、行政保护和司法保障。其中，司法保障是（　　）。

A. 权利保障的前提和基础

B. 权利保障的重要条件

C. 权利保障的关键环节

D. 权利保障的最后防线

40. 正当程序是法治思维的基本内容之一。正当程序的正当，表现为程序的合法性、中立性、参与性、公开性、时限性等方面。“正义不应缺席，也不应迟到。迟到的正义是有瑕疵的正义。”这句话指的是程序必须具有（　　）。

A. 合法性　　B. 参与性　　C. 公开性　　D. 时效性

二、多项选择题

1. 在漫长的文明演进中，法律发挥着特殊的社会规范作用。认识法律的含义及其历史，是掌握法律基本原理、形成法治观念的基础。下列对法律含义表述正确的是（　　）。

A. 法律是由国家创制和实施的行为规范

B. 法律具有国家强制性就是表现为国家对违法行为的否定和制裁

C. 国家强制力是保证法律实施的唯一力量

D. 法律所体现的统治阶级意志，仅仅是上升为国家意志的那部分意志

2. 我国法律文化有悠久的历史和传承，据《说文解字》阐释，汉语中“法”的古体是“灋”。“灋，刑也，平之如水，从水；廌，所以触不直者去之，从去。”在古代，“法”主要表现为“刑”或“刑律”，“刑”既有刑戮、罚罪之意，也有规范之意；“廌”也称“獬豸”，是神话中的独角兽，它公正不阿，善断是非曲直。上述材料表明，在传统文化中人们对法律的理解和诉求是（　　）。

A. 法律具有至高无上的地位

B. 法律体现了君权神授的思想

C. 法律富含着公平如水、正义神圣的深刻意蕴

D. 法律寄托着惩恶扬善、匡扶正义的价值追求

3. 柏拉图说：“法律有一部分是为有美德的人制定的，如果他们愿意和平善良地生活，那么法律可以教会他们在与他人的交往中所要遵循的准则；法律也有一部分是为那些不接受教诲的人制定的，这些人顽固不化，没有任何办法能使他们摆脱罪恶。”这段话所凸显的法律的规范作用是（　　）。（2014 年全国硕士研究生入学考试政治真题）

A. 预测作用　　B. 保障作用

C. 强制作用　　D. 教育作用

4. 中国共产党登上中国历史舞台后，在推进中国革命、建设、改革的实践中，高度重视宪法和法制建设。我国现行宪法可以追溯到1949年具有临时宪法作用的《中国人民政治协商会议共同纲领》和1954年一届全国人大一次会议通过的《中华人民共和国宪法》。我国现行宪法即1982年宪法，为改革开放和社会主义现代化建设提供了有力法制保障。1988年、1993年、1999年、2004年，全国人大分别对我国宪法个别条款和部分内容做出必要的也是十分重要的修正。2018年3月，十三届全国人大一次会议审议通过了《中华人民共和国宪法修正案》。回顾党领导的宪法建设史，可以得出的正确结论是（　　）。

A. 制定和实施宪法，推进依法治国，建设法治国家，是实现国家富强、民族振兴、社会进步、人民幸福的必然要求

B. 我国现行宪法是党领导人民长期奋斗的历史逻辑、理论逻辑、实践逻辑的必然结果

C. 只有中国共产党才能领导人民制定出体现人民意志的宪法，领导人民实施宪法

D. 党高度重视发挥宪法在治国理政中的重要作用

5. 我国宪法反映了我国各族人民的共同意志和根本利益，成为党和国家的指导思想、中心工作、基本原则、重大方针、重要政策在国家法制上的最高体现。宪法至上地位主要体现在其特有的作用、效力和内容等方面，包括（　　）。

A. 我国宪法是国家的根本法，是治国安邦的总章程，是党和人民意志的集中体现

B. 我国宪法是国家各项制度和法律法规的总依据

C. 我国宪法是中国特色社会主义最本质的特征

D. 我国宪法规定了国家的根本制度

6. 2018年3月，十三届全国人大一次会议在京召开。会议根据党的十九届二中全会提出的建议，审议通过了《中华人民共和国宪法修正案》。宪法修正的重大意义体现在，宪法修改（　　）。

A. 有利于筑牢全党全国各族人民团结奋斗的共同思想基础

B. 是国家政治生活中的一件大事

C. 是党中央从新时代坚持和发展中国特色社会主义全局和战略高度做出的重大决策

D. 是推进全面依法治国、推进国家治理体系和治理能力现代化的重大举措

7. 刑法的基本原则是指刑法特有的在刑法的立法、解释和适用过程中所必须普遍遵循的具有全局性、根本性的准则。我国刑法明文规定的基本原则有（　　）。（2011年全国硕士研究生入学考试政治真题）

A. 罪刑法定原则　　B. 疑罪从无原则

C. 罪刑相当原则　　D. 适用刑法一律平等原则

8. 2020年5月28日，第十三届全国人民代表大会第三次会议通过了《中华人民

共和国民法典》。《中华人民共和国民法典》制定的依据是（　　）。

A. 保护民事主体的合法权益，调整民事关系

B. 维护社会和经济秩序

C. 适应中国特色社会主义发展要求

D. 弘扬社会主义核心价值观

9. 2020年5月28日，第十三届全国人民代表大会第三次会议通过了《中华人民共和国民法典》。这是新中国成立以来，第一部以“法典”命名的法律，是新时代我国社会主义法治建设的重大成果。《中华人民共和国民法典》在中国特色社会主义法律体系中具有重要地位，是一部固根本、稳预期、利长远的基础性法律，其重大意义体现在（　　）。

A. 推进全面依法治国、加快建设社会主义法治国家

B. 发展社会主义市场经济、巩固社会主义基本经济制度

C. 坚持以人民为中心的发展思想、依法维护人民权益、推动我国人权事业发展

D. 推进国家治理体系和治理能力现代化

10.《中华人民共和国民法典》规定民事主体从事民事活动，应当遵循的原则有（　　）。

A. 自愿原则　　B. 公平原则

C. 诚信原则　　D. 罪刑法定原则

11. 建设中国特色社会主义法治体系是全力推进法治中国建设的重要内容，是实现国家治理体系和治理能力现代化的重大战略部署，对全面依法治国具有纲举目张的意义。建设中国特色社会主义法治体系的重大意义体现在，建设中国特色社会主义法治体系是（　　）。

A. 中国特色社会主义的本质要求和重要保障

B. 推进国家治理体系和治理能力现代化的重要举措

C. 是中国特色社会主义制度的最大优势

D. 是全面依法治国的总抓手

12. 建设中国特色社会主义法治体系是全面推进法治中国建设的重要内容，是实现国家治理体系和治理能力现代化的重大战略部署，对全面依法治国具有纲举目张的意义。建设中国特色社会主义法治体系的主要内容包括（　　）。

A. 形成完备的法律规范体系

B. 建设高效的法治实施体系

C. 形成严密的法治监督体系

D. 建设完善的党内法规体系

13. 平等是社会主义法律的基本属性，是社会主义法治的基本要求。坚持法律面前人人平等，对于坚持走社会主义法治道路具有十分重要的意义，主要体现在（　　）。

A. 它可以充分显示中国特色社会主义制度的优越性

B. 它鲜明地反对法外特权、法外开恩，对掌握公权力的人形成制约

C. 它鲜明地反对法律适用上的各种歧视

D. 它要求人人都严格依法办事

14. 法律至上是指在国家或社会的所有规范中，法律是地位最高、效力最广、强制力最大的规范。法律至上尤其指宪法至上，因为宪法具有最高的法律效力，是其他一切法律的依据。法律至上具体表现为（　　）。

A. 法律在本国主权范围内对所有人具有普遍的约束力

B. 当同一项社会关系同时受到多种社会规范的调整而多种社会规范有相互矛盾时，要优先考虑法律规范的适用

C. 国家机关的权力必须受到法律的规制和约束

D. 法律必须遵守，违反法律要受到惩罚

15. “天下事，不难于立法，而难于法之必行。”法律的生命力在于实施，法律的权威也在于实施，守法是法律实施和实现的基本途径。对于守法的正确理解有（　　）。（2018 年全国硕士研究生入学考试政治真题）

A. 守法的主体是一切组织和个人

B. 守法是行使法定的权利、履行法定的义务

C. 守法意味着一切组织和个人严格依法办事的活动和状态

D. 守法是遵守宪法和法律

16. 公平正义是指社会的政治利益、经济利益和其他利益在全社会成员之间合理、公平分配和占有。一般来讲，公平正义主要包括权利公平、机会公平、规则公平和救济公平。权利公平的含义包括（　　）。

A. 国家和社会要积极为社会成员的发展创造条件，并努力创造平等的起点

B. 权利主体平等

C. 享有权利特别是基本权利平等

D. 权利保护和权利救济平等

17. 做一件事情，往往需要按照一定的程序，只有按照程序做，才能防止主观任性、无序混乱。只有严格按照法律程序办事办案，处理结果才可能公正并具有公信力和权威性。程序正当，主要表现为（　　）。

A. 程序运行合乎法律的规定，有关机关和个人不得违反和变相违反

B. 程序设计和运行应平等地对待双方当事人，不得偏向任何一方

C. 程序运行的过程和结果应当向当事人和社会公开，以接受各方监督

D. 程序的运行必须有合理的期限，不得无故拖延或没有终结

18. 有位法学家曾经说过：“法律必须被信仰，否则等于形同虚设。”这句话表明，一个人只有从内心深处真正认同、信任和信仰法律，才会自觉维护法律的权威。由此可见（　　）。（2011 年全国硕士研究生入学考试政治真题）

A. 法律的内在说服力是法律权威的内在基础

B. 法律权威不可能完全建立在外在强制力的基础之上

C. 法律信仰与宗教信仰没有本质的区别

D. 法律信仰是法律制定和执行的根本依据

19. 全体社会成员尊重社会主义法律权威，不仅是保证法律发挥作用的基本前提和

要求，也是保障个人平安幸福的底线和红线。尊重和维护法律权威，对全面依法治国至关重要，这是因为尊重和维护法律权威（ ）。

A. 是社会主义法治观念的核心要求和建设社会主义法治国家的前提条件

B. 对于推进国家治理体系和治理能力现代化、实现国家长治久安极为重要

C. 是实现人民意志、维护人民利益、保障人民权利的基本途径

D. 是维护个人合法权益的根本保障

20. 法律权利是指反映一定的社会物质生活条件所制约的行为自由，是法律所允许的权利人为了满足自己的利益而采取的、由其他人的法律义务所保证的法律手段。法律权利的特征表现在（ ）。

A. 法律权利的内容、种类和实现程度受社会物质生活条件的制约

B. 法律权利的内容、分配和实现方式因社会制度和国家法律的不同存在差异

C. 法律权利不仅由法律规定或认可且受法律维护或保障，具有不可侵犯性

D. 法律权利必须依法行使，不能不择手段地行使法律权利

21. 法律义务是指反映一定的社会物质生活条件所制约的社会责任，是保障法律所规定的义务人应当按照权利人要求从事一定行为或不行为以满足权利人利益的法律手段。法律义务具有的特点包括（ ）。

A. 法律义务的内容和履行方式随着经济社会的发展和人权保障的进步而不断调整和变化

B. 一个国家或地区的制度性质、历史传统、文化背景、宗教信仰和安全形势等因素，会对法律义务的设定发生重要影响

C. 法律义务必须由具有法律职权的国家机关依照法律程序设定，其他国家机关不得对公民违法设定法律义务

D. 公民和社会组织承担的法律义务，在履行的过程中可能会因法定情形变更、消灭，或产生新的法律义务

22. 法律义务和法律权利相对应，是指法律规定的，以作为或不作为的方式履行对他人的责任。只有承担法律义务的人履行法律义务，享有法律权利的人才能实现自己的合法权益。那么，法律义务（ ）。

A. 一旦以法律的形式确定下来，就会稳定存在，不可免除

B. 会受到历史传统、文化背景、宗教信仰和安全形势等因素的影响

C. 会随着经济社会的发展和人权保障的进步而不断调整和变化

D. 必须由具有法律职权的国家机关依照法律程序设定

23. 法律权利与法律义务的关系，就像一枚硬币的两面，不可分割，相互依存。对二者之间关系的正确表述有（ ）。（2016 年全国硕士研究生入学考试政治真题）

A. 法律权利与法律义务是相互依存的关系

B. 法律权利和法律义务是目的与手段的关系

C. 法律权利与法律义务具有顺序性

D. 法律权利与法律义务具有二重性

24. 政治权利和自由是指公民作为国家政治生活主体依法享有的参加国家政治生活

的权利和自由，是国家为公民直接参与政治活动提供的基本保障。这一基本权利具体包括（　　）。（2010 年全国硕士研究生入学考试政治真题）

A. 人身自由权　　B. 选举权和被选举权

C. 宗教自由权　　D. 政治自由权

25. 1763 年，老威廉·皮特在《论英国人个人居家安全的权利》的演讲中说："即使最穷的人，在他的小屋里也能够对抗国王的权威。屋子可能很破旧，屋顶可能摇摇欲坠；风可以吹进这所房子，雨可以淋进这所房子，但是国王不能踏进这所房子，他的千军万马也不敢跨过这间破房子的门槛。"这句话后来被浓缩为"风能进，雨能进，国王不能进。"这凸显了权力和权利的关系是（　　）。（2015 年全国硕士研究生入学考试政治真题）

A. 权力应当以权利为界限　　B. 权力决定权利

C. 权力必须受到权利的制约　　D. 权力优先于权利

26. 公共生活中个人权利与他人权利发生冲突在所难免，比如学生宿舍里有人看书，有人休息，有人要听音乐……对解决权利冲突要有正确的认识，虽然每个人都有行使个人权利的自由，但也要尊重他人的权利。这是因为（　　）。（2017 年全国硕士研究生入学考试政治真题）

A. 尊重他人权利是公民权利意识的重要内容

B. 尊重他人权利既是一项法律义务，也是一项道德义务

C. 权利实现的内在动力是人们彼此之间对各自权利的相互尊重

D. 不尊重他人的权利，就可能丧失自己的权利

27. 法律规定公民有表达权，但权利要依法行使，尤其是"自媒体"时代，人人都有"麦克风"，处处都是"直播间"。这支"麦克风"并不是可以随心所欲使用的，应以法律的相关规定为界限。对公民行使法律权利界限理解正确的有（　　）。（2020 年全国硕士研究生入学考试政治真题）

A. 权利行使的方式具有唯一性

B. 权利行使要有目的的正当性

C. 权利行使不能超过法定的限度

D. 权利行使要遵循程序正当的原则

28. 党的十九大以来，谋划民族复兴这盘"大棋局"，习近平总书记始终高度重视依法治国，坚定落实"公平正义"，为中国特色社会主义法治建设谱写了新的篇章。坚持党的领导，是全面推进依法治国的根本制度保障；坚持党的领导，公平正义旗帜就会永远高扬。公平正义包括权利公平、机会公平、制度公平和救济公平。其中权利公平包括（　　）。

A. 权利主体平等

B. 权利保护和权利救济平等

C. 享有的权利平等

D. 法律规制面前人人平等

29.《中华人民共和国宪法》第三十三条规定："中华人民共和国公民在法律面前一

律平等。国家尊重和保障人权。任何公民享有宪法和法律规定的权利，同时必须履行宪法和法律规定的义务。”这说明，全社会成员尊重社会主义法律权威，不仅是保证法律发挥作用的基本前提和要求，也是保障个人平安幸福的底线和红线。尊重和维护法律权威，对全面依法治国至关重要。这是因为尊重和维护法律权威（　　）。

A. 是建设社会主义法治国家的前提条件

B. 实现人民意志、维护人民权益的基本途径

C. 维护个人合法权益的根本保障

D. 保障人民权利的基本途径

30. 马克思、恩格斯在《共产党宣言》中指出：“你们的观念本身是资产阶级的生产关系和所有制关系的产物，正像你们的法不过是被奉为法律的你们这个阶级的意志一样，而这种意志的内容是由你们这个阶级的物质生活条件来决定的。”对这句话理解正确的有（　　）。

A. 法律所体现的是统治阶级的整体意志

B. 法律是专门为被统治阶级制定的

C. 统治阶级的意志就是法律

D. 法律所体现的统治阶级意志，并不是统治阶级意志的全部

三、判断正误并陈述理由

1. 法律是统治阶级意志的全部体现。

2. 在我国，根据宪法的规定，国务院负责宪法和法律以及行政法规的制定、修改、废止和解释工作。

3．宪法规定，我国的根本制度是人民代表大会制度。

4．坚持法律面前人人平等，是依法治国的基本原则。

5．权利保障是对公民权利的法律保障，具体包括公民权利的宪法保障、立法保障、行政保护和司法保障。其中，宪法保障是公民权利保障的最后防线。

四、简答题

1. 简述我国社会主义法律的本质特征。

2. 简述我国宪法的地位。

3. 简述建设中国特色社会主义法治体系的主要内容。

4. 简述尊重和维护法律权威的重要意义。

5. 简述法律权利与法律义务的含义与关系。

五、论述题

1. 请论述建设中国特色社会主义法治体系的重大意义。

2. 请论述法治思维的含义、特征与基本内容。

六、材料分析题

1. 结合材料回答问题。

材料 1

坚持人民至上，紧扣社会关切。

法国思想家孟德斯鸠说，在民法慈母般的眼里，每一个人就是整个国家。现实生活中，每个人的生老病死、衣食住行都与民法息息相关。遭遇“霸座”怎么治、高空坠物

伤人怎么办、冲动离婚怎么挽回……民法典草案聚焦老百姓所急所需，破解社会热点难点问题，将以人为本的理念贯穿始终。

民法典的“人民性”，还体现在了解社情民意、采集众智民声的立法过程。据不完全统计，过去五年间，民法典编纂先后10次公开征求意见，累计收到42.5万人提出的102万条意见和建议。透过这组数字，即可以看到民法典“开门立法”的群众路线，彰显了以民为本、立法为民的法治理念。

——摘自梁秋坪《民法典：坚持人民至上 彰显中国特色》①

材料2

2020年2月5日，习近平总书记主持召开中央全面依法治国委员会第三次会议并发表重要讲话。他强调，要在党中央集中统一领导下，始终把人民群众生命安全和身体健康放在第一位，从立法、执法、司法、守法各环节发力，全面提高依法防控、依法治理能力，为疫情防控工作提供有力法治保障。

会议审议通过了《中央全面依法治国委员会关于依法防控新型冠状病毒感染肺炎疫情、切实保障人民群众生命健康安全的意见》《关于深化司法责任制综合配套改革的意见》《关于加强法治乡村建设的意见》《行政复议体制改革方案》和关于上海市推进法治化营商环境建设情况的报告、关于推进综合行政执法体制改革情况的报告。

习近平总书记在讲话中强调，“当前，疫情防控正处于关键时期，依法科学有序防控至关重要。疫情防控越是到最吃劲的时候，越要坚持依法防控，在法治轨道上统筹推进各项防控工作，保障疫情防控工作顺利开展。”

——摘编自《疫情防控关键期 习近平总书记强调依法科学有序防控至关重要》②

（1）全面推进民法典建设，为什么要坚持“人民至上”？

① 梁秋坪：《民法典：坚持人民至上 彰显中国特色》，http://lianghui.people.com.cn/2020npc/n1/2020/0528/c431623-31727322.html。

② 《疫情防控关键期 习近平总书记强调依法科学有序防控至关重要》，http://theory.people.com.cn/n1/2020/0206/c40531-31574054.html。

(2) 如何理解“疫情防控越是到最吃劲的时候，越要坚持依法防控”？

2. 结合材料回答问题。

材料 1

2014 年 10 月闭幕的十八届四中全会，是党在中央全会上第一次专题讨论依法治国问题，体现了对法治的高度重视。会议结束后，微博上的各种评论，满是对法治进步的渴望：“想要法治的果实，就要给它阳光雨露”“期待法治进入与人民互动的 2.0 时代”“法治不仅是宏大的，也是具体的；它关乎国家治理，更关乎百姓福祉”……

《韩非子》中有句名言，“国无常强，无常弱。奉法者强则国强，奉法者弱则国弱。”尊奉法律，需要执政者、治理者发力，引导之、提倡之；遵守法律，需要全体公民给力，用法律要定分止争，维护之、践行之。网络上，已经有人以普通人“小明”为例，演绎“四中全会与你我有啥关系”。有人说，法治于人就如同空气，你可能不会时时刻刻意识到它的存在，可一旦缺少就立刻窒息。的确，从出生到成长，从成家到立业，无不需要法治的护航。加强对财产权的保护，完善教育、医疗、食品安全等方面的法律法规，提高环境污染的违法成本……四中全会催动“法治的春天”，有着温暖人心的春意。当越来越多人在法治的护佑下感受着畅快的呼吸，法治才能成为内心时时恪守的律令。

也不用回避，中国的法治还有很多问题，从“暂行 50 多年”的高温条例，到保护个人信息安全等方面尚无完善法律，中国的法治进程需要紧跟时代的步伐。四中全会从立法、司法、执法、守法等方面开出了药方，但最根本的，还是提升全社会对法治的信心和信任。正如党的十八届四中全会公报所说，法律的权威源自人民内心的拥护和真诚信仰，这才是法治的力量所在、尊严所系。

——摘编自张铁《让法治成为国家信仰》①

材料 2

法治是人类为了征服自己，有人类自己立法进行自我管理，这远比征服自然困难得多。特别是约束公权力，非有高度的觉悟、顽强的毅力和坚强的意志难以成其事。任何国家法治的确立都不是在一盘散沙的状态下随随便便建立起来的，而是必须有坚定有力的集中统一领导和部署。

① 张铁：《让法治成为国家信仰》，《人民日报》2014 年 10 月 24 日。

迄今为止，尚未有法治成功的国家是在群龙无首、四分五裂的状态下实现法治的。恰恰相反，就法治发达国家的经验来看，这些国家的法治之所以能够最终确立，都是自上而下、从官到民表现出对法治执着的追求，付出巨大的努力。在中国这个拥有13亿人口、情况极其复杂的大国建设法治，更需要有自上而下坚强统一的领导，要有统一的意志，坚决果断一体推行。正是基于这样的情况，十八届四中全会指出，全面推进依法治国，必须坚持党的领导。

——摘编自张璁《党的领导决定依法治国成败》①

（2015年全国硕士研究生入学考试政治真题）

（1）如何理解“法治关乎国家治理，更关乎百姓福祉”？

（2）为什么“全面推进依法治国，必须坚持党的领导”？

① 张璁：《党的领导决定依法治国成败》，《人民日报》2014年10月29日。